나주임씨 시선집

나주임씨 중앙화수회 편

Potrait n Profile

■ **임대동**(林大仝, 1432~1503) 호: 회헌(晦軒). 경남 함양 출생(14世).

　성균관(成均館) 생원(生員), 용성 교수(教授), 임실현감(任實縣監), 통훈대부(通訓大夫). 어려서 효성스러웠으며 학문에만 뜻을 두어 홀로 향리에 머물면서 학문에 정진하여 42세에 사마시(司馬試) 합격. 임실현감을 지내며 선정을 베푼 뒤에 번잡하고 중상모략이 판을 치는 조종에 나가기보다는 학문으로써 도를 알고 그것을 따르려는 철학가였다. 유림면 화촌리에 회곡정사(晦谷精舍)를 지어 후학들을 강학(講學)하고 동료들과 유회(儒會)하였다.『회헌실기(晦軒實記)』1권 있으며 경남 함양 화산서원(華山書院) 상현사(尙賢祠)에 배향되었다.

■ **임종인**(林宗仁, 1468~1535) 호: 회암(會巖). 경남 산청 출생(15世).

　성종 17년(1486)에 병오식년(丙午式年) 사마시(司馬試)에 합격하여 진사(進士)가 되었다. 연산군 4년(1498)에 무오식년시(戊午式年試) 문과 2등으로 급제하여 승문원 정자(承文院正字), 성균관 학정(成均館學正)으로서 한림원(翰林院)에 들어가 의표(儀表)가 밝고 논의(論意)가 높고 바름으로 여러 사람의 경중(敬重)함을 받았다. 연산군 때 벼슬을 버리고 향리인 산청군 모고리로 낙향. '귀전원시', '자경시' 등이 있다. 후손들이 몽호정(夢湖亭)을 지어 숭배하였고『회암실기(會巖實記)』1권 등이 있다. 경남 함양 화산서원(華山書院) 상현사(尙賢祠)에 배향되었다.

3

임 익(林益, 1508~1547) 자(字): 희겸(希謙). 전남 나주 출생(16世).

귀래정(歸來亭) 임붕(林鵬)의 장자이며, 음직으로 선공감 감역으로 보임되어 시서(寺署)에 봉직하였으며, 장수현감(長水縣監)으로 나아가서는 엄격하면서도 관대하였다. 향년 40세에 병환으로 관사에서 별세하였다.

임 복(林復, 1521~1576) 호: 풍암(楓巖). 전남 나주 출생(16世).

1540년 사마시(司馬試)에 합격. 1546년 증광을과(增廣乙科)에 급제하였다. 승문원(承文院) 정자(正字) 때 사림의 화가 있었는데 간신의 모함으로 1548년 봄, 관직이 삭탈되고 삭주로 유배되어 3년을 지냈다. 1551년 명종의 원자 순회(順懷) 세자 탄생으로 이후 유배가 풀려 회진 옛집으로 돌아왔다. 선조 초에 박사에 임명되었으나 무고를 받아 취임하지 못하였고 고향에서 은거하였으며, 특히 시문과 학행뿐만 아니라 무략에도 뛰어났다. 효성이 지극하여 3년 시묘(侍墓)를 마치고 선친의 거처인 귀래정(歸來亭) 터에 새롭게 정자를 짓고, 선친을 길이 추모한다 하여 영모정(永慕亭)이라 명명하였다. 병조판서에 증직되었다. 1546년 문·무과 합격자 동기의 모임을 1567년 광주 희경루에서 5인이 가졌는데, 연회를 개최한 그림인 방회도 속 인물 중 1인이다. 희경루 방회도는 보물 제1879호로 지정되었다.

임희무(林希茂, 1527~1578) 호: 남계(灆溪). 경남 함양 출생(17世).

명종 13년(1558) 세자책봉 무오별시(戊午別試) 병과(丙科)에 제4위로 급제(及第). 내직(內職)으로 승정원(承政院), 성균관(成均館), 사간원(司諫院) 정언(正言)과 좌·우승지(左·右承旨), 외직(外職)으로 밀양현감(密陽縣監), 금산(錦山), 순창(淳昌), 울산(蔚山) 부사(府使), 능주(綾州) 목사(牧使) 등 오읍(五邑) 수령(守令) 등을 역임하였다. 그 후 벼슬에서 물러나 향리인 함양군 수동면 원평리 서평마을로 이거하여 오두막집을 지어 학문을 연마하고 후학

들을 가르쳤다. 이곳에 후손들이 재건립하여 연산정사(蓮山精舍)라 하였고, 『남계집(灆溪集)』, 『하제귀시음(下第歸時吟)』, 『석문유회(石門有懷)』, 『화개도중(花開途中)』 등이 있다. 경남 함양 화산서원(華山書院) 상현사(尙賢祀)에 배향되었다.

임 제(林悌, 1549~1587) 호: 백호(白湖). 전남 나주 출생(17世).

임진 장군의 첫째 아들이다. 1576년 생원 진사 양시에 합격. 1577년에 알성을과(謁聖乙科)에 급제하여 예조정랑(禮曹正郞) 겸 지제교(知製敎) 흥양현감(興陽縣監) 평안도사 등을 역임하였다. 동서 양당의 싸움을 개탄하고 명산을 찾아다니면서 글을 짓고 일생을 마쳤다. 당대의 사상가이자 명문장가로 크게 명성을 떨쳤고 호방쾌활(豪放快活)한 시풍으로 작품이 널리 애송되었다. 문정랑(文正郞) 대곡(大谷) 성운(成運) 선생의 문하로 천재절인(天才絶人) 하야 문장이 호탕하고, 저서로는 『화사(花史)』, 『수성지(愁城志)』, 『백호집(白湖集)』, 『원생몽유록(元生夢遊錄)』, 『남명소승(南溟小乘)』, 『부벽루상영록(浮碧樓觴詠錄)』 등이 있다. 일본 동경대학의 전신인 창평판학문소(昌平阪學問所)에서 1823년 『임백호집』을 발간하여 교재로 사용하였다. 전남 나주시 회진 생가터에 「백호문학관」(2013)이 있다.

임 선(林愃, 1552~1610) 호: 백화정(百花亭). 전남 나주 출생(17世).

임진 장군의 둘째 아들로 벼슬에는 뜻이 없고 지기(志氣)를 세우며 시를 전공하였다. 작품이 『기아』 시선집에 나타나 있다. 1590년 39세 때 동생 습정(習靜) 임환과 같이 과장에 나가 사마시 진사에 합격하였다. 경술(1610)년 계제(季弟) 창랑정(滄浪亭)이 졸하니 슬퍼하다가 두 달 후 향년 59세에 별세했다. 젊어서부터 시를 즐기며 동산에 여러 가지 화초를 심고 정자를 지어 백화정(百花亭)이라 명명하였다. 정유년 9월 17일에 습정 임환과 석촌 임서를 대동하고 어외도에 주둔하고 있는 이순신 장군을 위문가서 해군이 대첩한 것을 치하하고 군량미를 제공하였다. 10월 4일 회진의 일가를 인솔하여 배로 피난을 주도하였는데, 피난선이 몽탄 앞 바다에 이르러 갑자기 왜구가 나타나 위기에 처했을 때 제주양씨의 희생으로 극복하였다. 당시 왜구에 당한 내용을 구체적으로 기록하여 이순신 장군에게 보내 전투에 참고하도록 석촌 임서와 연명하여 전달한 사실이 난중일기에 기록되어 있다.

임 환(林懽, 1561~1608) 호: 습정(習靜). 전남 나주 출생(17世).

임진 장군의 넷째 아들이다. 임진왜란 때는 김천일 의병장(義兵將) 종사관(從事官)을 하고 정유재란(丁酉再亂) 때는 의병장으로 추대되었다. 군호는 소의장(昭儀將)이었으며 순천 예교(曳橋)전투에서 크게 공을 세웠다. 그 공로로 국가로부터 2등공신의 녹권(錄卷)을 받았다. 문집으로는 『오잠서(五箴書)』, 『악기탁약(握機橐籥)』 등이 있으며 1600년에 회진대동계 서문을 작성하였다. 관직으로는 무주현감(茂朱縣監), 직산현감(稷山縣監), 황해도 문화현령(文化縣令)의 3개 읍 수령을 역임하였는데, 무주현감 시절 백형 임제의 선몽으로 한풍루를 중건하였다. 만년에는 영암군 삼호읍 용담리 덕호의 습정제(習靜齊)에서 복거(卜居)하다가 향년 48세로 별세했다. 좌승지(左承旨)로 특증(特贈)되었다.

임 탁(林㤓, 1566~1610) 호: 창랑정(滄浪亭). 전남 나주 출생(17世).

임진 장군의 다섯째 아들이다. 진취(進取)에는 별로 관심이 없었고 오직 도서와 매죽(梅竹)만 즐기며 살았다. 금성(錦城)의 가야산 아래 앙암바위 동편 강가의 언덕에 정사(精舍)를 세우고 창랑정이라고 했으며 기거하는 집을 죽오당이라 했다. 수죽(水竹)에 물안개의 자욱함이 승경(勝景)이라 하고 창랑정 주인으로 백화정 임선과 더불어 형제가 편주(扁舟)로 오르내리며 소영(嘯詠)함이 풍치가 소쇄(蕭灑)하여 호해(湖海)의 참선비였다. 많은 시문을 남겼으며, 특히 석주(石洲) 권필(權韠)의 심우(心友)였다.

임 서(林㥠, 1570~1624) 호: 석촌(石村). 전남 나주 출생(17世).

　　1590년에 진사가 되었다. 임진왜란 때 기증효(奇曾孝)와 같이 의곡(義穀) 수백 석을 수집하고 의병 수백 명을 모집하여 군산포에서 의주에 피난한 왕에게 보내면서 서해신(西海神)에 제사를 지냈다. 1599년 정시(庭試) 병과(丙科)에 급제하였다. 주서(注書)가 된 뒤 봉상사직장(奉常寺直長), 공조좌랑(工曹佐郞), 전라도 안핵어사(全羅道按覈御史), 공조참의(工曹參議) 등을 역임. 그 후 봉산군수(鳳山郡守), 함양군수(咸陽郡守) 등을 역임하였으나 대북의 전횡을 피하여 고향 회진으로 내려갔다. 1623년 정유년 병화로 소실된 영모정(永慕亭)을 중건하고 인조반정(仁祖反正)으로 안동부사(安東府使)가 되고 이 해 황해도 관찰사(觀察使)가 되어 적폐를 시정하고 농사를 장려했으며, 군사 조련 등에 힘썼다.

임 게(林㙺, 1580~1634) 호: 월창(月窓). 전남 나주 출생(18世).

　　백호(白湖) 임제(悌)의 넷째 아들이며 습정(習靜) 임환의 어승적(御承籍) 계자(系子)이다. 천문(天文), 지리(地理), 산수(算數), 율여(律呂), 복술(卜術)에 정통하였다. 인조반정(仁祖反正) 때 원두표(元斗杓)를 도와 공을 세웠다. 인조 1년 10월 10일 호조좌랑(戶曹佐郞) 그리고 인조 2년(1624) 함평현감, 인조 5년(1627) 어염차사원(魚鹽差使員)을 지냈다. 영조 16년(1740) 증좌승지(贈左承旨) 겸 경연참찬원(經筵參贊員)에 증직되었다.

임 연(林堜, 1589~1648) 호: 한호(閒好). 전남 나주 출생(18世).

　　임서의 첫째 아들이다. 1610년에 진사가 되고 1613년 증광병과(增廣丙科)에 급제하였다. 괴원(槐院)으로부터 태상(太常)에 옮겨 호·예조정랑(戶·禮曹正郞), 정언(正言), 직강(直講), 지평(持平), 문학(文學), 사복시정(司僕寺正) 등을 역임하였다. 병자호란(丙子胡亂)

때 남한산성으로 왕을 호종한 공로로 통정(通政)으로 승진되었고, 은대(銀臺)에 여러 번 들어가 우승지(右承旨)에 이르고, 외직으로 영암군수(靈巖郡守), 진주목사, 원주목사, 남원부사로 부임했으나 얼마 안 되어 벼슬을 버리고 고향으로 돌아왔다. 나라의 부름을 여러 차례 받았으나 병중이라고 나가지 않았으며 경승지(景勝地)를 찾아 회진에서 무안 배뫼마을로 이거하여 만년을 보냈다. 무안군 몽탄면 영산강변에 식영정(息營亭)을 짓고 유유자적(悠悠自適)하며 여생을 보냈다.

임 타(林㙐, 1593~1664) 호: 몽촌(夢村). 전남 나주 출생(18世).

1618년 식년시 생원·진사 양시에 합격했다. 인조반정 때 정사원 공신에 녹훈되어 품계가 통정대부에 오르고 상주목사 등 9군(郡) 수재(守宰)를 지냈다. 만년에 무안군 일로읍 회산에 관해정을 짓고, 바다를 막아 농지를 개량했는데 이 둑이 천방둑이라 불린다. 아우 동리 임위와 더불어 시부를 읊고 소요자적 하다가 72세에 별세했다. 이조참의에 증직(贈職)되었다.

임 담(林墰, 1596~1652) 호: 청구(淸臞). 전남 나주 출생(18世).

임서의 둘째 아들이다. 1616년(광해군 8) 생원이 되고, 1635년(인조 13) 증광문과에 병과로 급제하였다. 이듬해 병자호란 때 사헌부지평으로 남한산성에 들어가 총융사의 종사관이 되어 남격대(南格臺)를 수비하였고, 화의가 성립된 뒤 진휼어사(賑恤御史)로 호남지방에 내려갔다. 1639년 좌승지로 사은부사(謝恩副使)가 되어 청나라에 다녀왔고, 1644년 경상도 관찰사로 서원이 사당화하는 폐습을 상소하였다. 1646년 충청도 관찰사로 유탁(柳濯)의 모반사건을 처결, 그 공으로 품계가 오르고 토지를 하사받았다. 그 뒤 형조·예조·병조·이조의 참판과 대사간·도승지를 거쳐 이조판서가 되고, 1650년(효종 1) 다시 사은부사로 청나라에 다녀와서 지경연사(知經筵事)를 겸하였다. 1652년 청나라 사신의 반송사(伴送使)로 다녀오다가 가산에서 별세했다. 효종이 2등 국장을 명하여 85일간 국장하였다. 천품이 영오(穎悟)하고 풍의(風儀)가 활달하였으며, 희노(喜怒)를 표정에 나타내지 않고 호오(好惡)에 치우침이 없었다. 식견이 넓고 깊었으며 전략에도 밝았다. 영의정에 추증되었다.

임 위(林㙔, 1597~1668) 호: 동리(東里). 전남 나주 출생(18世).

젊어서부터 벼슬에는 뜻이 없고 구도(求道)에 뜻이 있어 나이 이십에 사계(沙溪) 김장생(金長生)의 문하에서 학업을 받았다. 사계 선생이 몹시 애중하여 근독(謹獨) 위기(爲己)의 학문을 가르쳤고, 성품이 침잠순후(沈潛醇厚)하고 효도와 우애에 돈독하여 두 가지를 위해 평생 잠명(箴銘)으로 살았다. 인조왕 때 인재를 순문(詢問)하신 적이 있었는데, 사계(沙溪) 선생이 임위의 이름을 말씀드려 여러 번 제배(除拜)를 받았으나 취임하지 않았다. 효종 때 크게 유일(遺逸)을 기용(起用)하여 사헌부남대지평(司憲府南臺持平)에 초배(招拜)하였으나 역시 취임하지 않았다. 나주 최초의 서원인 경현서원 원장을 지냈으며, 금성관 중건 상량문을 지었다.

임 영(林泳, 1649~1696) 호: 창계(滄溪). 전남 나주 출생(20世).

1665년 17세에 사마시(司馬試)에 합격. 1671년 정시을과(庭試乙科)에 급제한 후 사가독서(賜暇讀書)하였다. 그 후 이·병조정랑(吏·兵曹正郞), 사복시정(司僕寺正), 우승지(右承旨) 겸 경연참찬관(經筵參贊官), 이·호·예조참의(吏·戶·禮曹參議), 대사성(大司成)이 되었다. 1694년 대사간(大司諫) 개성부유수(開城府留守)를 거쳐 이듬해 부제학(副提學), 대사헌(大司憲), 개성유수(開城留守)가 되었으나 병으로 눕게 되어 왕에게 약물을 하사받았고 공조참판(工曹參判)에 이르렀다. 경사(經史)에 정통하고 문장이 뛰어났으며 송시열(宋時烈), 송준길(宋浚吉)에게도 수학한 기호학파의 학자였으나 이기설(理氣說)에 있어서는

9

이이(李珥)의 이기일원론(理氣一元論)에는 반대하였다. 나주의 창계서원(滄溪書院), 함평의 수산사(水山祠)에 배향되었다.

임세겸(林世謙, 1677~1730) 자(字): 겸지(謙之). 전남 나주 출생(20世).

숙종 임오년에 생원에 합격하고, 경인년에 강릉참봉(江陵參奉)에 제수되었다. 평시서봉사(平市署奉事)에 승진되어 의금부도사, 전설사별검군자감, 공조좌랑을 역임하였고 직산현감, 공조좌랑, 호조정랑, 옥천군수로 부임하였다. 포승통정(襃陞通政) 분무원종 일등공신으로 통정대부에 오르고 왕으로부터 포상을 받았으며, 충주목사로 내정되었으나 기유년(1730) 정월 병환으로 관사에서 향년 53세로 별세하였다.

임상정(林象鼎, 1681~1755) 호: 악정(樂正). 전남 나주 출생(21世).

1699(숙종29) 사마시 합격. 1722년(경종2) 세자익위사 시직, 1723년(영조즉위) 한성주부, 1723년 삼등현령(三登縣令)으로 6년 동안 봉직하였다. 1723년 장례원사의(掌禮院司議), 1734년(영조10) 백천군수(白川郡守), 1735년(영조11), 청풍부사(清風府使), 1747년 사직서령(社稷署令), 1751년 장악원정(掌樂院正)을 역임하였다. 저서로는 세자학업을 돕고자『사통(史通)』75권(卷) 35책(冊)이 지금 국사편찬위원회 그리고『자오록(自娛錄)』4권은 국립도서관에 소장되어 있으며, 그 외『김진갑전』,『남원공자 금보』,『박효랑전』등이 있다.

임창택(林昌澤, 1682~1723) 호: 숭악(崧岳). 경기 개성 출생(20世).

1711년 식년사마시(式年試司馬試)에 합격하여 진사가 되었으며 백운동(白雲洞)에 정사(精舍)를 짓고 학도들과 강론을 그치지 않고 숭악집(崧岳集)4권을 간행. 1732 효행으로서 사헌부지평(司憲府持平) 정5품에 추증(追贈)되고 숭남사(崇南祠)에 배향.『해동악부(海東樂府)』42수와『숭악집(崧岳集)』4권 등이 있다.

임사원(林思遠, 1721~1805) 호: 회호(回湖). 전남 나주 출생(23世).

사산 감역공(四山 監役公)의 손자이며 젊어서 학문에 뜻을 두어 조안재(趙安齋)에게서 글을 배워 칭찬을 받았고, 시(詩)의 격조가 청신하여 매화(梅花)를 읊은 글은 세상에 회자(膾炙)되었고, 유고집(遺稿集)『행록(行錄)』이 있다.

임매진(林邁鎭, 1805~1881) 호: 송파(松坡). 전남 나주 출생(26世).

가정이 부유하지 않았으나 젊어서 외지 유학을 하였고, 유학 중에 사귀는 친우들과 시문을 수학하면서 학문적으로 교학상장(敎學相長)하는 방식으로 문예를 집필하였다. 특히 생전에 나주임씨 문중 집사를 역임하면서 1867년『나주임씨 정묘보』편찬 그리고『송파유고』를 집필하였다.『송파유고』는 불분권(不分卷) 1책으로 쪽당 11행 25자의 석인본으로 간행되었다. 작품은 시 217수로 그중 오언율시는 32수, 칠언절구는 29수, 칠언율시는 156수로 시체별(詩體別) 구분 없이 편찬되어 있다.

임억규(林億圭, 1932~2014) 전북 진안 출생(28世).

서울대 사범대학 졸. 서울대 대학원 생물학과 이학박사. 나주임씨 절도공파 용담문중 회장. 월간『수필문학』, 계간『수필공원』신인상(수필) 수상, 월간『문예사조』, 계간『시조생활』신인상(시조) 수상. 저서: 시조집『종이학을 접으며』(1998),『점과 선 그리고』(2004),『함께 그린 초상화』(2008),『우면산 꿩 소리』(2011). 수필집『눈이 오는 토요일』(1996),『파브르의 눈』(2001),『햇빛 좋은 날』(2011). 선집『고향냄새』(2008) 등이 있다.

■■ **임동준**(林東俊, 1934~) 호: 상산(桑山). 전남 무안 출생(31世).

성균관대 정치외교학과 졸. ㈜동성산업 회장, ㈜마이크로프렌드 회장, 한국포장협회 2대 회장, 나주임씨 중앙화수회 11대 회장, 성균관대 총동문회 회장 직무대행. 문예지『지구문학』신인상(수필) 수상(2019),『지구문학』신인상(시) 수상(2022). '무역의 날' 수출 5백만 불 수출탑 대통령상 수상(1995), 재경무안군향우회 제1회 '자랑스러운 무안인 상' 수상(2014) 등이 있다.

■■ **임종선**(林鐘善, 1935~) 전남 보성 출생(29世).

전남대 평생교육원 문예창작과정 수료. 광주연초제조창 노조 지부장, 나주임씨 광주화수회 6대 회장. 계간『문예시대』신인상(시조) 수상(2012), 월간『수필문학』신인상(수필) 수상(2002). 보건복지부장관 표창장 수상(2016). 저서:『멋진 인생』(2004),『당신이 있었기에』(2010),『아직도 내 곁에 있는 세월』(2017) 등이 있다.

■■ **임재근**(林在根, 1941~) 경남 합천 출생(33世).

경남대 경영학과 졸. 합천군 16대 부군수, 경상남도 행정동회 사무처장. 월간『예술세계』신인상(수필) 수상(2003), 격월간『좋은문학』신인상(시조, 시) 수상(2011). 저서: 시집『가야산소리길』(2003),『산사의 기도』(2004). 수필『황강가의 노방초』(2000),『공직은 아무나 하나?』(2001) 등이 있다.

임태성(林泰盛, 1941~) 서울 출생(33世).

고려대 상학과 졸. 미국 워싱턴대 국제금융과정 수료(1985). 동화은행 상무이사.『절벽』신인상(시) 수상(2009). 저서: 시집『절벽, 저 푸른 세월을 넘어서』(2009),『알바트로스의 태양』(2015) 등이 있다.

임문영(林文榮, 1942~) 서울 출생(30世).

파리대(낭떼르) 사회학박사. 계명대 유럽학과 교수, 동 대학 국제학대학원 원장, 알리앙스 프랑세즈 행정사무, 유네스코 한국위원회 르뷔드꼬레 편집장. 월간『심상(心象)』신인상(시) 수상(2017), 계간『문학과 비평』신인상(수필) 수상(2020). 저서:『유럽연합의 사회정책』(2003),『프랑스문화사』(2005), 시집『학란』(2020) 등이 있다.

임종은(林鍾垠, 1944~) 전남 무안 출생(29世).

국제대 법학과 졸. 어문능력개발평생교육원 교학처장, 고전문화연구회 이사, 한국문학신문 편집국장.『국보문학』신인상(시, 수필) 수상(2007). 저서: 시집『가벼움의 미학』(2020) 등이 있다.

■ **임만규**(林萬圭, 1948~) 충남 당진 출생(28世).

명지대 무역학과 졸. 주)동화출판사 대표이사.『서울문학』신인상 수상,『시조문학』작가상 수상, 제1회 모상철 시조문학상 수상, 저서:『내 아이 이름에 금빛 날개를 달아라』(2010), 시조집『사막에서』(2021) 등이 있다.

■ **임춘식**(林春植, 1949~) 전남 무안 출생(29世).

경희대 국문과 졸. 대만 중국문화대 사회학박사. 한남대 사회복지학과 교수. 동 대학 대학원장. 한국노인복지학회 초대회장, 재경문태중·고 총동문회 22대 회장, 재경무안군향우회 9대 회장, 민주평화통일자문위원회 위원, 전국노인복지단체연합회 9대 회장, 나주임씨 중앙화수회 12대 회장, 사)노인의 전화 대표이사, 사)민주화운동 71동지회 10대 회장. 민주화운동 관련자 인증(2007). 옥조근정훈장(2014), 경희문학상(시) 수상.『월간문학』신인상 수상(1984). 저서:『고령화 사회의 도전』(2001), 『노인복지학개론』(2006),『성은 늙지 않는다』(2008),『다 주면 다 얻는다』(2014),『노인 전성시대』(2021). 시집『꽃과 바람』(2012) 등이 있다.

■ **임길택**(林吉澤, 1952~1997) 전남 무안 출생(30世).

목포교대 졸, 방송통신대 영어영문학과 졸. 거창초등학교 교사. 저서: 시집『할아버지 요강』(1995),『탄광마을 아이들』(2004). 동화집『느릅골 아이들』(1994),『탄광마을에 뜨는 달』(1997),『산골마을 아이들』(1998). 수필집『하늘 숨을 쉬는 아이들』등이 있다.

■ **임동규**(林東圭, 1953~) 충남 천안 출생(28世).

강남대 사회복지대학원 연구과정 부동산학 전공 수료. 한국토지개발(주) 대표이사, 한국산업개발(주) 대표이사. 계간『한류문예』신인상(시) 수상(2008), 월간『국보문학』신인상(수필) 수상(2010), 계간『시서문학』신인상(시조) 수상(2016). 저서: 시집『사랑하며 그리워하며』(2008),『내 영혼이 부르는 노래』(2016). 시조집『사랑과 그리움의 노래』(2014), 수필집『내가 만난 하나님』(2021) 등이 있다.

■ **임찬일**(林燦日, 1955~2001) 전남 나주 출생(30世).

서울예술대 문예창작과 졸.『월간문학』신인상(소설) 수상. <동아일보> 신춘문예(시조) 당선(1992), <세계일보> 신춘문예(시) 수상(1996), <스포츠서울> 신춘문예(시나리오) 당선(1986), <중앙일보> 시조백일장 장원 당선(1986). 저서: 시집『알고말고 네 얼굴』(1999),『못다한 말 있네』(1999),『고향이 어디냐고 물어오면 난 그쪽 하늘부터 바라본다』(2000),『내게로 온 것들은 눈이 슬퍼라』(2001), 장편소설『임제』(2001) 등이 있다.

■ **임수홍**(林洙弘, 1957~) 전남 영광 출생(31世).

한국방송통신대 문화교양학과 졸. 월간『국보문학』발행인, 주간『한국문학신문』발행인, 사)한국국보문학인회 이사장, 월간『시사문단』신인상(시) 수상(2004), 월간『시사문단』신인상(수필) 수상(2005), 한국문인협회 특별상 수상(2016), 서울시 문화예술부문상 수상(2016) 등이 있다.

■ **임경렬**(林敬烈, 1961~) 전남 나주 출생(32世).

광주대 경제학과 졸, 광주대 대학원 문예창작학과 문학석사. 나주문화원 14대 원장, 나주문화원 60년사 편찬위원장, 광주 전남 작가회의 이사.『발견』신인상 수상(2014). 저서:『쓸쓸한 파수』(2014) 등이 있다.

■ **임춘임**(林春任, 1961~) 전남 장성 출생(32世).

국가평생교육진흥원 사회복지학 전공 졸. 노란담장 꽃차 대표, 사)한국문인협회 장성지부 회장. 전남문학상 수상(2017). 월간『시사문단』신인상(시) 수상(2007), 계간『문학춘추』신인상(시조) 수상(2012). 저서: 시집『이모가 우리 엄마 해 줄래?』(2014),『노란담장』(2017) 등이 있다.

■ **임유택**(林有澤, 1968~) 충남 보령 출생(30世).

한국방송통신대 경영학과 졸. 주택관리사. 계간『문예마을』신인상(시) 수상(2020). 저서: 시집『다 버렸기에 가난하여서』(2021)가 있다.

머리말
Preface

　시(詩)의 어원 같은 것은 우리가 쉽게 말할 수 있다. 그러나 '시란 무엇인가'라는 정의를 내리기는 그렇게 쉽지 않다. 시대에 따라서, 시인에 따라서, 시의 종류에 따라서 시를 보는 안목이 모두 다름을 말해 준다. 그러므로 지극히 상식적인 시에 대한 정의를 내릴 수밖에 없다.

　자신의 정신생활이나 자연, 사회의 여러 현상에서 느낀 감동 및 생각을 운율을 지닌 간결한 언어로 나타낸 문학 형태. 한국어로 보통 시라고 할 때는 그 형식적 측면을 주로 가리켜 문학의 한 장르로서의 시작품을 말할 경우와 그 작품이 주는 예술적 감동의 내실이라고 할 수 있는 시정 내지 시적 요소를 말할 경우가 있다.

　시는 대표적인 언어 예술이며 사상과 정서를 표현한 창작 문학이다. 그래서 시는 시인의 은밀한 독백으로 '엿듣는 문학'이라 말한다. 시는 작품의 문맥에 의해 그 의미가 파악되는 언어의 내포적 기능에 의존한다. 그래서 시는 심상, 비유, 상징 등에 형상화된다.

역사적으로 나주임씨(羅州林氏)의 대문호가 자주 등장한다. 나주임씨 본향(本鄉)인 나주 회진(會津)은 지리적, 역사적으로 사람과 자연이 어우러져 조화를 이루는 천하명당으로 예로부터 많은 인물을 배출한 곳이기 때문이다.

나주임씨는 원조(1世) 대장군 임비(林庇)의 9세 감무공(監務公) 임탁(林卓)은 고려 충신으로 이씨 왕조 등극을 부정하고 '충신은 두 임금을 섬길 수 없다.'며 1392년 나주 회진에 터를 잡아 33세(世, 2022)까지 세계(世系)를 이어온 자랑스러운 가문이다. 통계청에 의하면 경향 각지에서 살고 있는 나주임씨 종친이 무려 24만여 명으로 추산되고 있는데, 이는 우리나라 333개 성씨 중 34위이다.

어쨌든 나주임씨 사랑은 곧 본향 사랑이다. 세상에 혼자 자라는 나무는 없다. 꽃도 없다. 그리고 흔들지 않고 피는 꽃도 없다. 뿌리가 없는 나무가 없듯이 선조 없는 후손은 없다. 나주임씨 종훈(宗訓)인 청고근졸(淸高謹拙)의 뜻이 위로와 힘을 돋게 한다.

나주임씨 중앙화수회는 최근 나주임씨 종친 명사 50인이 열정적으로 살아온 '삶과 고뇌'의 이야기를 모아 『꽃은 혼자 피지 않는다』(공동체, 2020)와 『명사에게 길을 묻다』(시정신문, 2021)를 연이어 발행했다. '오피니언 리더들의 꿈과 열정의 기록'이자 한 성씨만을 필진으로 구성된 사례는 국내에서 처음이라며 언론계에서 화제가 되었다.

그런데 또다시 『나주임씨 시선집(詩選集)』(2022)을 발간하게 된 것은 나주임씨의 자랑이 아닐 수 없다. 역사적으로 무인(武人)의 기질을 지닌 문인(文人)을 배출한 나주임씨는 조선 중기 백호(白湖) 임제(林悌)를 포함한 시성(詩聖)이 많았음을 조선왕조실록은 기록하고 있다. 고로 선조(先祖) 21인의 시(시조) 5편씩 그리고 현대 16인의 시 10편씩을 선별하여 엮었다. 이 또한 한국문인협회는 건국 이래 최초의 걸작이라고 사전에 호평했다.

이 시선집이 발간되기까지 편집위원회의 의결은 선조의 시(시조) 5편 이상 완역된 시인을, 그리고 현대 시인은 문예지에 등단했거나 시집을 발간한 시인의 작품을 10편씩을 수록하였다. 그렇지만 더러 피치 못할 사정으로 인해 집필진에 동참하지 못한 점을 아쉽게 생각한다.

끝으로 2020년 1월부터 예기치 않은 신종 코로나바이러스 감염증(코로나19)으로 어려운 사회 환경임에도 불구하고 선조의 옥고를 정리해 주신 나주임씨 대종중(大宗中)과 더불어 종친 시인 그리고 작품 선정에 노고해 주신 편집위원에게 감사를, 그리고 흔쾌히 출판의 기회를 제공해 주신 시정신문 주동담 사장과 편집담당 임직원에게도 머리 숙여 감사를 표한다.

2022년 2월 20일
나주임씨 중앙화수회 회장 임 춘 식

차례 – Content

- Potrait n Profile • 3
- 머리말_Preface • 17

제1부 나주임씨 선조 시인

임대동(林大仝) 회포(29) 임실에서 돌아오는 길(30) 대고대(大孤臺)에 오름(31) 비를 만난 슬픔(32) 용유담(龍游潭)(33)

임종인(林宗仁) 전원으로 돌아가다(35) 나에게(36) 감회(感懷)(37) 군료들에게(38) 무제(無題)(39)

임 익(林益) 자서(自敍)(40) 밤에 아우 조카들과(41) 비 내린 곳(42) 그윽한 정취(43) 풍경(44)

임 복(林復) 영모정(永慕亭)(45) 매화나무 아래에서(46) 비 개인 날(47) 추풍(秋風)(48) 외로운 소나무(49)

임희무(林希茂) 허무한 길(50) 회포(懷抱)(51) 화개(花開) 가는 길(52) 연곡 가는 길(53) 사제당에서(54)

임 제(林悌) 물곡사(勿哭辭)(55) 농가의 원성(56) 기생의 죽음을 두고(57) 물결의 노래(58) 청산은 나를 보고(59)

임 선(林愃) 금강산(60) 조카를 고향으로(61) 북쪽으로 떠나가는(62) 편지를 받고(63) 조카를 보내고(64)

임 환(林懽) 코 없는 자(無鼻者)(65) 슬픔(66) 자고만(子高挽)(67) 꿈에 양낭자(梁娘子)를 보다(68) 꿈에 본 양낭자(梁娘子) 유감(有感)(69)

임 탁(林㤓) 봄밤에 문득(70) 성산의 낙조(71) 배를 타고(72) 색주가의 노래(73) 쓰라린 이별(74)

임 서(林愭) 보광사에서(75) 스님에게(76) 읊는 시(詩)(77) 여러 벗들(78) 시(詩)를 읊으며(79)

임 게(林垍) 조계산(曹溪山)(80) 무제(無題)(81) 거울(82) 임월창(林月窓)에게(83) 임월창(林月窓)을 슬퍼하다(84)

임 연(林堜) 강에서(85) 봄날 식영당(息營堂)에서(86) 우중(雨中)에 홀로 앉아(87) 몽탄(夢灘) 봄날(88) 과산사(過山寺)(89)

임 타(林㙂) 탄현 가는 길에(90) 추령(楸嶺)(91) 총석(叢石)(92) 통천에서 만난 비(93) 우연히(94)

21

임 담(林墰)   주계정사(朱溪精舍)에서(95) 남한산성에 올라(96) 니성(尼城)을 지나며(97) 몰운대(沒雲臺)에 올라(98) 벽오당(碧梧堂)(99)

임 위(林㙔)   관해정(100) 실제(失題)(101) 우연히 읊어 벽에 쓰다(102) 해장에서 짓다(103) 벽에 쓰다(104)

임 영(林泳)   한영(閑詠)(1)(105) 한영(閑詠)(2)(106) 산행(山行)(107) 산거(山居)(108) 영응(詠鷹)(109)

임세겸(林世謙)   꿈(110) 배로 한강 동쪽에(111) 배를 타고 가서(112) 몽탄강(夢灘江)(113) 숙설암(宿雪岩)에서(114)

임상정(林象鼎)   음양(陰陽)(115) 정월 보름달(116) 닫힌 문(閉門)(117) 무덤을 지나면서(118) 무제(無題)(119)

임창택(林昌澤)   가을 심사(120) 온달부인(121) 성 위에서 절하다(122) 까마귀 머리 하얘지고(123) 가실 신랑 노래(124)

임사원(林思遠)   형과 함께(126) 무제(無題)(1)(127) 무제(無題)(2)(128) 매화(129) 승달산(僧達山) 상운암(上雲庵)(130)

임매진(林邁鎭)   솔바람 소리(131) 산촌의 저녁연기(132) 대나무 그림자(133) 절에서 들리는 종소리(134) 돌아가는 구름(135)

제2부 나주임씨 현대 시인

임억규(林億圭) 우면산 꿩 소리(139) 가을의 발짝 소리(140) 그림자로 피고 지는 꽃(141) 바람에 띄운 날(142) 꽃이여 피어라(143) 눈먼 고향(144) 눈발에 쓰는 편지(145) 물(146) 물속에 잠긴 고향집(147) 백두산에서(148)

임동준(林東俊) 반추(反芻)(149) 마음에 새기다(151) 낙서(152) 여행(154) 삶의 몫(155)

임종선(林鐘善) 무궁화(156) 장미꽃(158) 고독한 형제(159) 위안부 인생(161) 담배(162) 민들레의 운명(163) 봄의 향연(164) 밤꽃의 효자(165) 무소유(無所有)(166) 기구한 운명(167)

임재근(林在根) 가을 애상(愛想)(168) 감꽃 추억(169) 달맞이꽃(170) 황혼 열정(171) 그리움(172) 기다림(173) 봄날에(174) 붙박이 사랑(175) 풍경(風磬)(177) 흙(178)

임태성(林泰盛) 알바트로스의 태양(179) 가고 있다(180) 거북이의 일생(181) 내 고향(182) 벗이 오는 날(183) 그리운 땅(184) 그믐밤에 거리(185) 마음(186) 바이칼(187) 보고 싶다(188)

임문영(林文榮) 학란(Walking iris)(189) 자유(190) 어디서 무엇이 되어 다시 만나리(191) 새가 된 아내(192) 소나무(193) 1분(194) 국화(195) 문신(文身)(196) 낙숫물 소리(197) 나팔꽃(198)

23

임종은(林鍾垠)　짧은 인연(199) 외로움만 지키며(200) 잊혀진 이별(201) 달리아 연정(203) 한여름의 행진(205) 북극곰의 비애(206) 바다 이야기(207) 조경석(造景石)(208) 탄천의 아침 풍경(209) 체념의 눈빛(210)

임만규(林萬圭)　거울(212) 세미원(洗美苑)(213) 수종사(水鐘寺)에서(214) 사막에서(215) 진주(216) 아름다운 길(217) 솔 숲길을 거닐며(218) 강가에서(219) 공중도시, 맞추픽추(220) 다뉴브 강의 진주, 부다페스트 야경(221)

임춘식(林春植)　꽃과 바람(222) 백목련(224) 청개구리(226) 가을바람에(227) 후회(228) 나에게(229) 당신 생각(231) 동반자(232) 삶이란(234) 나무에게(236)

임길택(林吉澤)　똥 누고 가는 새(238) 흔들리는 마음(239) 완행버스(240) 엄마 무릎(241) 비 오는 날(242) 냉이차(243) 겨울 밤(244) 달맞이꽃(245) 고마움(246) 양말(247)

임동규(林東圭)　창랑정(滄浪亭)(248) 백범회고(白凡回顧)(249) 춘사(春思)(250) 달빛에 그리는 영상(251) 추상(秋想)(252) 노정(路程)(253) 꿈길(254) 초하(初夏)(255) 박연폭포(256) 봉선화(257)

임찬일(林燦日)　겨울 설악에 와서(258) 알고 말고, 네 얼굴(259) 해바라기(261) 전철역의 뒷모습(262) 전라도 단풍(263) 잎(264) 안경을 닦으면서(265) 겨울밤(266) 그믐달(267) 첫사랑의 뒷모습(268)

임수홍(林洙弘) 인생 · 5(269) 인생 · 12(270) 인생 · 22(271) 인생 · 38(273) 인생 · 55(274) 인생 · 56(275) 인생 · 62(276) 인생 · 66(277) 가을 하늘(278) 백파의 오후(279)

임경렬(林敬烈) 신걸산(281) 목욕(282) 강물(284) 정각암 소나무(285) 하얀 집의 아침(286) 풍호샘(288) 갇힌 밤(289) 회진성(291) 색깔의 경제(292) 지워지는 나루터(294)

임춘임(林春任) 소나기(296) 추석(297) 황룡강 꽃강(299) 복수초(300) 참깨(301) 수선화(303) 늘(304) 열려라 참깨(305) 가을(306) 기림의 날(307)

임유택(林有澤) 다 버렸기에 가난하여서(308) 오해(309) 계절 속에 파묻히어(310) 안중근(311) 백화산 반야사에서(313) 마애삼존부처님 말씀은 안 하시고(314) 정림사지 오층석탑(315) 매화마을 사람들(316) 공산성에 해 지면(317) 세월(318)

제1부

나주임씨 선조 시인

임대동(林大仝) 임종인(林宗仁) 임 익(林益) 임 복(林復) 임희무(林希茂) 임 제(林悌) 임 선(林愃) 임 환(林懽) 임 탁(林侂) 임 서(林㥠) 임 게(林垍) 임 연(林堜) 임 타(林㟳) 임 담(林墰) 임 위(林㙔) 임 영(林泳) 임세겸(林世謙) 임상정(林象鼎) 임창택(林昌澤) 임사원(林思遠) 임매진(林邁鎭)

임대동

회포 외 4편

험난한 세상길
몇 번이나 지냈던고
벼슬을 버리고 돌아와
들에 집을 지었도다

자취를 감추기가
회곡 만한 곳이 없어
경서에 마음을 붙이고
세월을 보내리라.

임실에서 돌아오는 길

십 년 동안 발자취
홍진에 달리었는데
머리 두루니 푸른 산
자주 꿈에 드는구나

거리의 버들 동산
매화도 오히려 부귀라
어찌 복숭아 오얏꽃을 따라
함께 봄을 다투겠는가.

대고대(大孤臺)에 오름

늙은 돌 공중을 떠받아
스스로 대가 되었는데
항상 친구를 맞이하여
푸른 이끼를 쓸도다

동으로 흐르는
위수 풍랑이 없는데
육지에 부질없이
돌기둥 되어섰네.

비를 만난 슬픔

돌 위 솔밭같이
앉던 곳에
어찌 나 혼자만이 왔는가

늙은 용 못 가운데
큰소리로 우니
구름 비 짐짓
열리지 않네.

용유담(龍游潭)

<1>

용유담 위 요란한 봉우리 허리에
성한 풀 밟고 구름 뚫으니 사다리길 멀도다
빗속 바위 머리에 간단한 밥 같이 먹고
세 사람 휘파람에 산마루 울리도다.

<2>

용유담 언덕 마룡된 돌이
작은 것은 그릇과 주병 같고 큰 것은 텅 빈 것이라
조물주는 능히 쉽게 판단하겠지
푸른 비탈에 머리 둘러 홍몽을 생각하네.

<3>

용유담 밑 은은한 우레 소리
응당 지난해 이일 마음 알겠지
가뭄 땅 적셔주고 마른 싹 소생케 하니
모름지기 혹은 뛰어 장맛비는 되지 마오.

<4>

용유담 아래 물 기름 같은데
하늘 그림자 맑고 나무 그림자 빽빽하네
방촌 인심이 참으로 이 모양이라
겨우 여울을 지나면 편안하게 흐르나니.

임종인

전원으로 돌아가다 외 4편

미원에서 소식(素食)을 한 지
벌써 오래되었는데
티끌만큼도
보답함이 없는 체 지냈더라

세상에 순응하며
재주를 팖이 옳았는데
문을 닫고 자취를
감춤이 본 뜻이리오

마음은 큰집에 달아
풍운이 합하였고
꿈은 감호의 눈과
달의 배에 들인다

앞 사람의 출처가 바른데
감히 비기려 하랴
옛 산에서 갈고 읽으며
아득하게 지내더라.

나에게

금도 티가 있고
옥도 흠이 있기 마련인데
갈지 않고 다듬지 않으면
빛이 나지 않는다

마음속에 가득 찬
사특함을 녹이는 기술은
한결같이 공경만으로
몸을 닦아 가야 할 것이다.

감회(感懷)

옛날 소년 시절
강건했던 날을 생각해보면
방장산(方丈山)* 최고봉을
오르는 것을 꺼리게 되네

하늘 끝 내음 맡으며
남명(南冥)*을 사귀어 함께하니
산세는 먼 곳을 따라서
북쪽 변방으로 연결되었구려

온 골짜기에 구름과 안개는
눈 아래 높이 쌓였고
고운 하늘에 빛나는 별은
머리끝에 가깝네

님을 보내는 것은
오늘날 내가 쇠한 때문일까
허망하게 다시 홀로
찾아오니 슬프구나.

* 방장산(方丈山): 지리산의 옛 명칭
* 남명(南冥): 조식(曺植, 1501~1572)의 호.

군료들에게

모든 별들은 다
북두성으로 향해 있고
물은 바다에 돌아가지
아니함이 없도다

임금이 욕을 보면
신하는 죽어야 하는데
그 뛰어난 공은
어찌 다 잊을손가.

무제(無題)

오십 세가 되도록
이름이 들리지 않았으니
어찌 어제의 잘못을
깨달았다 하겠는가

농산에 때맞춰
알맞은 비가 넉넉하니
새벽에 일어나
도롱이 옷을 챙겨야겠네

상부가 매처럼
날아간 뒤에
슬프다!
내가 위빈을 지내는구려

인간이 궁하게 된 육십 세에
백발이 되어
부질없이 낚시질만 하네.

임익

자서(自敍) 외 4편

홀외(笏外)*에
청산(靑山)이 저무는데
풍진(風塵)은
백발을 재촉하누나

부슬비 내리는
황당(黃堂)*의 밤에
홑은 걸음으로
시 읊조리며 돌아오노라.

* 홀외(笏外): 밖의 경관
* 황당(黃堂): 지방관이 거처하는 집

밤에 아우 조카들과

남은 사람들
비통함을 걷잡지 못해
부질없이
영사재 얽었구나

고향마을
무한한 슬픔에
아우 조카 더불어
여기 이르렀노라.

비 내린 곳

대숲은
푸른 안개로 덮였는데
지는 해 서녘
하늘로 넘어가네

서늘한 바람에
잠이 깨 일어나서
앞 내에 비 내린 줄
이제야 아노라.

그윽한 정취

세상 한가로운 마음
술 동이에 부치고
뜰에 가득 꽃 대나무
창밖을 두르네

남은 흥취 유유한데
이 밤 뉘랑 함께할지
구름 아래
푸른 산, 강물에 달이 뜨네.

풍경

늘그막에 하릴없이
잠을 못 이루어
홀로 등불 지키자니

하루가 한해처럼
버들 숲에 말소리 들려도
사람은 뵈지 않고

안개 낀 강으로
고기잡이배
가끔 지나누나.

임 복

영모정(永慕亭) 외 4편

영모정은 선친께서 사시던 곳
관리로 떠돌다 대사(臺榭)* 하나 지정하셨네

당(堂)은 아직 남아 있어 예처럼 볼 수 있으나
모습이 그리워 정자를 얼마나 되었는지

석류(錫類)*가 이어짐은 종중의 소망이고
명성을 이어 후대에 더욱 돈독하리

삼가 우리 어버이 뜻 가슴에 품으니
비통한 마음 또한 가누기 어렵도다.

---

* 대사(臺榭): 둘레를 내려다보기 위하여 높게 세운 누각이나 정각 따위
* 석류(錫類): 효자가 대대로 나옴. 효자의 덕행이 퍼져 타(他)에 미침.

매화나무 아래에서

달뜨기 기다리며
매하(梅下)에 앉았으니
맑은 향기는
옷 위에 퍼져나네

달이 더디 뜨는 것을
애달파 하랴만은
다만 이 좋은 밤
짧은 것이 한이로세.

비 개인 날

비에 갇혔다가 비로소 풀려나니
하늘은 유난히 맑고
바람이 등나무 넝쿨에 불어
방은 서늘해지네

뜰에는 달빛만 고요하고
인적은 없는데
새 울음소리가
새벽을 알리네.

추풍(秋風)

나막신 신고
구름 위 돌계단 오르고
이슬비 젖은
담장 넝쿨 만지니 옷 적시네

먼 골짜기 고인 물
붉은 노을 아늑하구나
늦가을 단풍 바라보니
하얀 머리털 생각나네.

외로운 소나무

빼어난 재주로
불행에 걸려드시니
천명을 알고
강호로 물러나셨지요

사람들의 입방아쇠도
능히 녹인다지만
스스로 몸을 닦아
훼방의 소리가 그쳤네요
우뚝한 소나무
고결한 인품의 표상이라오.

임희무

허무한 길 외 4편

눈 속에 푸른 소나무와
비 온 뒤에 산은
볼 때는 용이하나
그릴 때는 어렵네

일찍이 세상 사람의
눈에 들지 않을 줄 알았던들
차라리 연지를 사서
목단을 속일 것을.

회포(懷抱)

석문은
천년이 되었는데
외로운 구름이 몰려와
자취가 없구려

바람을 맞으니
생각은 끝이 없고
섭섭한 마음은
누구와 같이 함께할까.

화개(花開)* 가는 길

개울가 바람에
버드나무꽃 어지럽게 날리고
오솔길 봄에 부드러운
풀향기 맡으며 돌아오네

이것은 모름지기
깊은 산의 아름다움이 그윽하여
짚신 걸음걸음
서로 바쁘지 않구려.

* 화개(花開): 경남 하동군 섬진강 유역의 지명

연곡 가는 길

<1>

강변에서 돌아가는 길에 유유자적하니
사월 산성의 보리는 가을 같구나
채찍을 들어 읊조리며 아득히 가리키니
온갖 종소리 산언덕에서 흘러나오는구려.

<2>

연곡사(燕谷寺)* 가는 길 푸른 물결에 앉아
천왕봉 위를 보니 흰 구름이 피는구나
채찍 소리와 함께 쌍계사로 향하니
말을 달려 길가는 사람의 마음을 망각하였구료.

<3>

연전(年前)에 10월에 유유자적하였는데
지친 말 이끌고 이곳 강언덕을 금년에 오네
사월에 왔던 곳을 겨울 추위에 다시 유람오니
여름의 서늘함을 더하여 함께 가고 싶다네.

* 연곡사(燕谷寺): 지리산에 있는 사찰

사제당에서

정자 아래 창강 흐르고
위로는 푸른 산이라
산 구름과 백사장 새들도
돌아오는 것을 잊게 하네

영구한 생각 구름같이
영사제(永思齊)* 뒤로 일어나
하늘의 뜻 바야흐로 낮고
한가로움 넉넉히 알게 하는구료.

* 영사제(永思齊): 작가의 증조부 훈도공 임석동과 후손을 모시는 제각

임제

물곡사(勿哭辭) 외 4편

주위의 모든 나라가
황제라 일컫는데
유독 우리나라만
중국에 속박되어 있으니
내가 살아
무엇을 할 것이며
내가 죽은들
무슨 한이 되랴
곡하지 마라.

농가의 원성

새벽달에 이랴 낄낄 황소를 몰아서
풀섶을 헤치고 가서 언덕 위 밭 가노라
이웃집에 양식 빌리느라 점심밥이 늦어가니
해가 저문데 무얼로 주린 창자 채우리
금년의 농사도 작년과 비슷하니
이 봄이 다 가도록 궂은 비만 내리는구나
습한데야 싹이 돋는데 높은 곳은 말라붙어
온 밭두둑 묵정밭 되어 마을 앞까지
여위고 약한 몸을 견디면서 김을 매니
한더위 구슬땀이 흙 위에 뚝뚝 떨어지네
아무리 애를 쓴들 가을 일이 가망 없고
천 이랑의 수확인 한 섬도 찰까 말까
관가의 세금은 재촉이 성화같아
마을 이서는 문전에서 범처럼 독촉하네
일가족 뿔뿔이 헤어져 처자식은 어느 틈에 돌아보리
우리 마을 어제 한 집 오늘 또 한 집 다 망한다오
남방으로 울력 나가고 북쪽으로 징병 가니
이 몸 태어난 후로 왜 이다지 고달플까
부잣집은 술 고기에 하루 만전 쓰는데
그대는 못 보았는가 농가의 고통을

기생의 죽음을 두고

곱고 고운 자태

평양 성중 빼어나

두 눈썹 먼 산

가느다랗기만 하네

꽃은 열매 맺을

인연이 없다지만

옥도 어찌 사위어지느뇨

세상일은

화장대 거울에 남아

춤추던 옷자락엔

먼지만 날린다네

꽃다운 넋은

어디로 떠나갔는가

강변 버드나무엔

제비만 돌아오누나

물결의 노래

서늘한 물가 늙은이
창랑의 노래 부르며
창강의 저녁
연미 드리운 달밤에
낚싯대 하나 드리우고
늙은이 혼자
기러기와 모래사장에 잠이 드니
갈댓잎 소소리 바람에
서리만 하얗더라
새벽바람에 시장에 나가
잡은 고기 팔고 돌아와서
주루에 취하고 보니
강 하늘은 벌써 석양일레
부귀 누리는
남가의 꿈을 나는 원치 않고
그대 따라 창랑곡을
함께 부르고 싶어라

청산은 나를 보고

사랑도 부질없어
미움도 부질없어
청산은 나를 보고
말없이 살라 하네
탐욕도 벗어버려
성냄도 벗어버려
하늘은 나를 보고
티 없이 살라 하네
버려라 훨훨 벗어라 훨훨
사랑도 훨훨 미움도 훨훨

버려라 훨훨 벗어라 훨훨
탐욕도 훨훨 성냄도 훨훨훨
물같이 바람같이 살다가 가라 하네
물같이 바람같이 살다가 가라 하네

임 선

금강산 외 4편

동은
청산이 일만이고
서는
바다가 삼천리인데

학은
백운 밖으로 날아가니
신선은
어느 곳에 노니는지

조카를 고향으로

진천에서
병으로 누웠으니
멀리서 이별시로
돌아가게 하는데

이혼은
어데메 헤매는지
해당화 가지엔
가랑비만 내리네

북쪽으로 떠나가는

잔 들고
헤어지려 생각하니
한 방에서 자던 해가
구 년 되는데

잠깐 나랏일로
나가려는데
겸하여 고향 놀이
만들어지네

편지를 받고

병으로 해 넘기며
이별함은 이혼이
배나 처량하네
백 번 편지가
한 번 보는 것 같으니
눈물이 끝없이 흘러내리네

금리에 언제 올는지 무더운데
황폐한 북으로 가 길어만져서
기둥을 모아 이어놓으면
바다를 기울여 부상을 씻으리

조카를 보내고

전쟁 중에 먼 데서 찾아오니 슬프구나!
골육의 정이여
같이는 못 살지 알았으나
갑자기 떠남은 참기 어려워라

눈물은 삼경 베개를 젖고
마음은 한 조각 기를 흔들고
한매는 초새를 하직하고
구름은 넓어 진성을 사이에 두네

야윈 말 눈길을 달리는데
해 질 무렵 기러기 울며 나르고
내가 쇠하여 만남 기약 못 하고
네 가면 어느 때 만나려는지

말술을 마셔도 취하지 않고
황사로 어떻게 네 길을 위로하리
하청하면 재송할 수 있으며
여생을 경조하며 같이 보내자.

임환

코 없는 자(無鼻者) 외 4편

코 없는 자 누구의 자식인고
홀로 산모퉁이서 얼굴 가리고 우네
적군의 칼날 번쩍 바람이 일어
하나 베고 둘 베고 백성 천 명 코가 달아났어
아아! 국토가 독종의 발에 짓밟혀서
살아남은 사람들 반이나 무왕(巫尫) 꼴로
거룩한 상제님 인류를 내실 적에
이목구비 갖춰야 온전한 사람이거늘
무고한 백성들을 어찌 베고 자르고
형벌을 마구 써 피비린내 풍겼더냐
코 베는 형벌 옛날에 있었다지만
글에만 보이고 실증은 없거늘
천심은 인자하여 불인을 미워하시나니
하늘도 가만있지 않고 천군을 보내사
끝내는 괴수를 태백(太白)에 매달 것이요
남은 무리 도륙 내서 독수리 밥 되게 하리
밝은 천도는 속일 수 없으니 나는 분명히 들었노라
네게서 나온 것 네게로 돌아간다고

슬픔

꿈속에 꿈을 꾸는데
근심스러운데 더욱 근심이 되고
난리에 많은 사람이 죽어 가는데
고주에 떠돌이 신세이네

형제는 지금 어데 있는지
전쟁은 아직도 그치지 않는데
남운에 귀안을 보내며
홀로 다락에 올라 너를 부러워한다.

자고*만(子高挽)

슬프다 내가 반백이 되기 전
친척들 하나씩 죽어 가다니
우리 일족이 몇이나 되는지
떠나보내니 삼재는 강해야 하네

광산(匡山)*에서 읽던 책을 태우고
화수(花樹)*는 그대에게 술잔 올리는데
이런 일이 어찌 자주 나는지
슬픔에 싸여 눈물이 가득하네.

* 자고(子高): 장수공 장손 임성(林城, 1550~1595)
* 광산(匡山): 중국 강서성 북부에 있는 산으로 은주 때 광유라는 신선이 살던 산
* 화수(花樹): 종친

꿈에 양낭자(梁娘子)*를 보다

영결한 지
올해 삼 년이라
이젠 꿈속에나
볼 수밖에
영혼은
왕래할 수 없어
나의 촌심을
아프게 한다.

* 양낭자(梁娘子): 정유란에 왜적을 만나 가족을 구한 습정공 소실

꿈에 본 양낭자(梁娘子) 유감(有感)

캄캄한 긴 밤 천대(泉臺)를 떠나
일 세 된 방혼(芳魂)이 처음 찾아와
마주 보고 증비 체락할 뿐 잠시이니
호회(好懷)는 펼 수 없었네

소창(小窓)이 정압하여 혼절하니
난수 풍명에 첩이회에
유한은 남는데 날이 새니
촌심을 여결에 미성회네.

임탁

봄밤에 문득 외 4편

세월이 화살처럼 갔다가 다시 돌아오니
벼슬길에 쇠약해진 얼굴 느낌 금하기 어려워라

비가 거세지니 길 위에 사람들 자취가 젖고
달이 문 안으로 들어오니 밤 정취가 한가하다

만고에 무궁한 것은 하얀 강물이요
오랜 세월 늙지 않는 것은 푸른 산이라

속된 이 세상 마음 아픈 일들은
이 술과 글에 맡기고 나는 관계치 않으리라

성산의 낙조

산 경치는
해 질 무렵 아름답고
지는 햇빛에
푸르름 더욱 돋아 보이네

황혼이 다가오는걸
아는지 모르는지
유유히 홀로
깊은 잠에 빠지네.

배를 타고

서산 봉 정상에서
하룻밤 묵는데
선녀 옷 위에
달빛이 가득하네

맑은 새벽 책 접으니
마음이 편안하고
초록 대 푸른 소나무
법문을 증명하네.

색주가의 노래

좁은 길에
색주가 십만 호가 잇달아
집집마다 골목에
수레가 늘어서 있네

봄바람이 불어와
님 그리는 버들 꺾어 버리고
말 타고 온 손님은
떨어진 꽃잎 밟고 돌아가네.

쓰라린 이별

고찰에서 이별하니
마음이 아픈데
강남에는 이미
봄이 완연하구나

오늘 저녁
술 한 동이 마시며 이야기하면
내일 아침에는
천 리 나그네 되네

근심은 푸른 풀처럼
길게 늘어지고
눈물은 바다에 들어가
새 물결이 되다

나그네는
긴 칼을 앞에 집고 슬퍼하고
이별이 임박하니
마음이 한층 슬프다.

임서

보광사에서 외 4편

강가 사립문은
석양빛을 가리는데
바다 통로의 안개 낀 나무는
휘늘어져 있구나

스님이 보내온
두어 줄 글자를 홀연히 받았는데
이에 시옹(詩翁)*이
푸른 산에 있음을 알겠네.

* 시옹(詩翁): 선배 김이헌을 지칭하는 말

스님에게

47년간이나
서로 얼굴을 아는데
절집 창가에서 하룻밤 묵으니
곧 마음을 알겠네

이제부터 다시 백련약을 맺으니
한 해가 저무는 구름 낀 숲에서
가는 곳마다 스님을 찾네.

읊는 시(詩)

봄날 저녁 홀연히
술잔은 넘실거리고
망망한 푸른 바다에
파도 물결은 높네

내가 가장 사랑하는 사람 중에
천길 나는 봉(鳳) 그대는
문장으로 곧바로
삼조(三曹)의 시 건안체(建安體)*도 뒤집었네.

---

* 삼조(三曹)의 시 건안체(建安體): 건안(建安)은 동한(東漢) 마지막 황제인 헌제(獻帝)의 연호. 이때 시인 가문인 조조(曹操)와 아들 조식(曹植), 조비(曹丕)를 삼조(三曹)라 하여 시가 유명했으므로 건안체(建安體)라는 말까지 생김.

여러 벗들

한번 이별하여
거리가 천 리나 떨어졌지만
남쪽 강의
큰 제방을 기억하네

근심은 한강 북쪽에서 생기지만
꿈은 초(楚)나라
하늘 서쪽에서 끊어지네

세상사 만촉(蠻觸)*으로 돌아가는데
그윽한 정(情) 때문에
몇 마디 글로 써서 부치네

말하지 않았지만
고향을 그리는 것도 괴로운데
준마(駿馬)도 바람을 향해 울어대네.

---

* 만촉(蠻觸): 달팽이의 왼쪽 뿔 위에 있는 나라를 만(蠻), 오른쪽 뿔 위에 있는 나라를 촉(觸)이라 하는데, 지극히 하찮은 일로 서로 다투는 것을 말함.

시(詩)를 읊으며

그대는 남쪽 고향에서
날마다 병을 앓고 있는데
나는 북쪽 대궐에서
새벽에 소식을 알리네

음성과 용모는
산과 바다에 막히었고
이별의 눈물은
옷과 두건에 흘렀다네

오래된 칼날에
푸른 이끼가 생겨났는데
음부(陰符)에는
흰 눈이 가득 내렸다오

가을이 오면
닭 잡을 날 그때를 기약하고
섬호(剡湖) 그대가 있는
물가로 나아가려 하네.

임계

조계산(曹溪山) 외 4편

세상 회포를
다 잊었으니
청산에 가는 곳마다
내 집이로다

때로 참선을 하는
중을 보니
방에 가득히
푸른 연꽃이 피었더라.

무제(無題)

집 밖 가랑비에
오도자(吳道子)*의 그림을 대함에
평생 지낸 일을 손꼽아 보니
일마다 그릇되었도다

부생 백 년이 원래
허황된 꿈 같은데
또 정을 자아내는
이 서호(西湖)에 머물었도다.

---

* 오도자(吳道子): 중국 당나라 때의 화가 오도현(吳道玄). 그는 현종 때의 사람으로, 당대 제일의 화가였으며 특히 불화에 뛰어남.

거울

남은 향기는 오히려
이별할 때 옷을 본 듯하고
나그네는 찬 베개를 베고 자는데
꿈도 또한 잘 꾸어지지 않네

원컨대 집 들보에
비쳐 있는 달빛이 되어
깊은 밤 비단
장막에 들어 비쳤으면 하노라.

임월창(林月窓)에게

길이 익숙한
옛적에 놀던 곳은
서호 처사(處士)의 집이로다

문에 들어서니
마음속 기운이 없고
손님 대접할 때
좋은 물고기가 있더라

귀밑털은 옛날과 같지
아니하여 애달프기만 하고
풍류는 예처럼
가시지 않더라

십 년만 오늘
처음 취하고 나니
서로 만나니 꿈속 같더라.

임월창(林月窓)을 슬퍼하다

용당(龍塘)에서 만난 뒤
문득 이미 해가
지냈음을 통곡한다

거문고에서 울려 나온
유수곡(流水曲)은 알아주는 이가 없어도
우리의 인의(仁義)는
한 등불을 달아 놓은 것 같도다

남쪽 나라에는
뛰어난 인재는 없어지고
서방 극락(極樂)에는
옛적 인연만이 있더라

눈 감고 멀리 백연사
일을 생각하니
바다 위에 비친 둥근 달은
뉘를 위하여 비추나.

임연

강에서 외 4편

탄 여울 북에
새집이 안온하고
우후에 꽃이 피고
대나무로 집을 둘렀지

하루 종일
작은 배 왔다 또 감은
마을 술집 주인들
다투어 복어 사가네.

봄날 식영당(息營堂)에서

연등산 아래 조기가 살찌고
대밭을 가로 치니 백조가 날아오르고
강기슭 진달래 만발하고 방초의 향이 나고
가벼운 배 노 저으며 노래하며 돌아오네

갈대 순 돋아나고 복숭아 잎 싹이 트니
물에 떨어진 두견화 기름같이 떠 있고
참복이 솟아올라 고깃배 서두는데
의외로 시상이 떠올라 초객(楚客)이 머무르네

화장포(花藏浦) 위쪽에 고사리 돋아나고
빨간 치마 여아들이 노래하며 돌아오네
동봉에 도시락을 가지고 병난 거사 찾아가니
서산에서 밥 먹었다고 하네.

우중(雨中)에 홀로 앉아

강가에 꽃 물가 풀이
날이 갬을 조롱하고
고기 배는 수도 없이
둥둥 떠다니네

기나긴 봄날
하릴없이 호상에 의지하고
그대를 생각하나
볼 수가 없어
정이 더욱 가네.

몽탄(夢灘) 봄날

긴 섬 훈훈한 바람에 오조(午潮)가 밀려오면
양안에 봄새들이 지저귀는 때이고
외로운 배 노 서둘러 고도(古渡)를 찾아가나
이때의 심정을 이해하는 이 아무도 없네

갈대 순 솟아나고 버드나무 푸르러지면
강물에 춘광 비쳐 청명이 다가오네
시인 두 사람이 술 한 동우 가지고
꽃이 지는 바위 아래 밀물을 바라보네

봄이 오면 모래언덕 갈대가 푸르러지고
지는 햇살 강에 다 강물이 맑아지네
노를 저어 천년 바위 아래에서
취하여 바라보니 어점(漁店)엔 저녁 연기 오르네.

과산사(過山寺)

온 천지 많은 눈에
사람 자취 드물고
겨울 하늘 고사의 저녁
종이 은은하게 울리네

이러한 적막함에
높은 흥이 생기어
나 홀로 한가히
다니다가 돌아오네.

임
타

탄현 가는 길에 외 4편

가고 또 가는 길
언제 끝나려나
아득하게 먼 길이
어렵도다

가을바람은
삼척검에 불고
비낀 해는
만겹산을 비추도다

언덕에 나무들은
새로이 비단 무늬를 나타내고
바위에 핀 꽃은
오래도록 얼룩무늬를 토하도다

시냇가에 이르러
야흥(野興)을 끌어내니
말을 멈추고
솔밭 사이에서 휴식을 하도다.

추령(楸嶺)

싸리재는 천연적으로
아주 험함이 마땅하고
관소(關所)의 구름은
지음(地陰)에 접하였네
단풍은 골짜기에 가득하고
황국 숲을 단장하려 하도다

여러 고을은
마치 장기판이나 바둑판과 같고
동해 바다는
옛날이나 이제나 변함이 없도다
새벽부터 여행의 준비를 서두르는데
하나의 달이
비로소 하늘에서 내려다보도다.

총석(叢石)

우뚝하게 서 있구나
푸른 바다 위에
이름은 아주 오랜 옛적부터
전해오도다

얼마나 많이
귀신의 도끼질을 겪었는가
다행하게도
진(秦)나라 채찍은 만나지 않았구나

더구나 이와 같이
뗏목을 탄 나그네는
또한 학을 탄
신선과 같이 하도다

산수에 등림(登臨)하는
이날의 흥취는
장유편(壯遊扁) 속에다
옮겨 넣으리라.

통천에서 만난 비

통천 객관에서
비 때문에 체류하니
흔흔하게 낮잠이 깊었는데

구름 개이니
산색은 아름답게 싱싱하며
바람이 거세니
바다는 또한 절구질을 하는구나

강국(江國)은 천 리가 넘는데
행장은 지팡이 하나에 걸었도다

가을이라 오래된
나그네 마음은
오직 신선의 발자취를
찾아가기 위함이로다.

우연히

늙어 갈수록
시(詩) 짓는 것이 버릇이 되고
시름이 생기면
취하는 것이 능사가 되었다

동리(東籬)에 지난밤
비가 왔으니
손수 금전황*을 심도다

땅이 궁벽한데
삼경을 개척하니
계곡은 깊어
한 마을을 지켰도다

산인은 흰 두건을
뒤로 제껴 썼는데
종일토록 소나무
뿌리에 누워있네.

* 金錢黃(금전황): 국화의 일종

임담

주계정사(朱溪精舍)에서 외 4편

한양과 시골
부질없이 가고 오며
정착 없는 생활로
귀밑머리 희어지네

작은 재주로
관록이란 아예 안 바라고
외진 곳에 쉬는 몸
시샘에 능숙하네

천명에 의심 않고
나물밥에 만족하고
마음속의 기뻐짐은
비구름이 쌓음이네

이후로 길이길이
주계노(朱溪老)가 되려는데
인간의 한 꿈이
헛되지 않기 바라네.

남한산성에 올라

한 점 마니도(摩尼島)에
천층(千層) 높은
온조성(溫祚城)*은
산하가 숭경을 이루는데
신이시어
한양을 지켜주소서.

---

* 온조성(溫祚城): 1624년 인조 2년 남한은 온조성을 쌓게 하고, 1626년 수어청(守禦廳)을 북부 진장방(鎭長坊)에 설치하여 광주 등 진의 군무를 관장하게 함.

니성(尼城)*을 지나며

산골마다
개울물 흐르는데
산비탈 뚫어
모두 길 되었네

오가는 사람
다소 있는데
무얼 하는 노인인지
알지 못하네.

* 니성(尼城): 충청도 논산 지방. 니산현(尼山縣)과 석성현(石城縣)은 계속 존치해 오다가 영조 때 니산(尼山)을 니성(尼城)으로, 정조 때 노성현(魯城縣)으로 명칭을 바꿈.

몰운대(沒雲臺)에 올라

동방의 대해는
아득히 안 보이며
점점이 뜬 나환(螺鬟) 눈 안에 들어오네

몰운대(沒雲臺)* 하늘 구만리에
구름 몰(沒)하고
산그늘 물에 나누어 비쳐
삼천리 되네

관문 방위 장한 기세
이지러진 오늘
열사 웅심(雄心) 한이 되는데
해는 저물고

먼 하늘 낙조
풍력이 긴장하는데
층란(層欄)에 올라 극목(極目)*하니
더욱 창연(蒼然)하구나.

* 몰운대(沒雲臺): 낙동강 하구의 가장 남쪽에서 바다와 맞닿은 곳.
* 극목(極目): 시력을 먼 데까지 다함. 눈으로 볼 수 있는 한계까지 한없이 봄.

벽오당(碧梧堂)*

백계(百計) 알고 이루어도

한가(閑暇)만 못하고

술 마시고 얼굴 붉지 안하리 누구리오

살 곳에 묻혀 사니

적막함이 즐거우며

사시절 좋은 경치 절로 돌아오네

강 흐름에 가까이 가면

창랑수(滄浪水)와 접하고

먼 산에 달 오르면 야경이 그만이네

내 가장 좋아함은

무덤가에 청음(淸陰)*이요

묵은 가지에 꾀꼬리 돌아가기를 기다리네.

---

* 벽오당(碧梧堂): 정선(丁璿)의 호. 교리 서장관을 역임하고 명종 을사사화(乙巳士禍)에 유배되고 향리(鄕里)에 퇴거함.
* 청음(淸陰): 소나무, 대나무 등의 그늘

임위

관해정 외 4편

티끌 세상 벗어난
외딴곳일세
누각은 높이 솟아
하늘을 찌를 듯
기꺼이 벼슬자리
던진 이 몸이
어이 다시
큰 감투 그리워하랴

앉으나 누우나
몸은 편안하고
이곳저곳 거닐며
흥겨운 나날
무릉도원 닮은 곳
내게 물으면
소동파가 변산의
신선이라고

실제(失題)

성곽은
천년의 승지(勝地)요
금준(金樽)은
이날의 놀이로다

비 개니 구름은
낙엽처럼 흩어지고
바람 일어나니
낭화가 떠오르도다

적벽강에는
소동파의 달이요
청산에는
사조의 누대(樓臺)로다

강남은 완연하게
서로 비슷하니
타향의 시름일랑
일으키지 마시오.

우연히 읊어 벽에 쓰다

들판의 지세는
손바닥처럼 평평하고
산의 풍광은
흐를 듯이 푸르네

객이 돌아가니
깊은 동네는 조용하고
꽃이 피니
작은 집은 조용하네

이미 생애에 만족함을 깨달으니
원래 달리 구하는 것이 없었고
강호에 진정으로 자적(自適)하니
소영(嘯詠)*하며 모래톱 갈매기와 벗하네.

* 소영(嘯詠): 노래하는 것

해장에서 짓다

바닷가 넓고 한적한 곳에서
술동이 앞에는
골육의 정이 있네

산 모습은
비 온 뒤라 깨끗하고
어화는
밤이 깊어서 밝도다

바둑 끝나니
이어 베개를 높여 눕고
시를 지으니
멋대로 자세히 비평하네

여생이 이처럼 즐거울 것 같으면
어찌 다시
세속의 명성이 필요하랴

벽에 쓰다

땅이 궁벽하고 숲이 깊어
객이 오는 것이 드문데
인연 따라 앉았다 누웠다 하며
의관을 갖춰 입지 않네

섬돌 앞 푸른 대나무는
천간이나 서 있고
집 뒤의 푸른 산은
만첩(萬疊)이나 둘려있네

망상을 끊으니
참으로 맛이 있고
뜬 인생이 한가로이 거쳐 하니
이것이 망기(忘機)라네

밤새도록 베개에 의지하여
시 읊기를 끝내니
바람 이슬 싸늘하고 맑은데
해가 사립으로 들어오네.

임영

한영(閑詠) (1) 외 4편

봄이 오매
꽃 다투어 피고
바람 불어
소나무 현을 울리니
절집엔
중 하나둘
달빛 타고
시냇물 긷네.

한영(閑詠) (2)

어딘가 휘젓이
산사 있어
쇠북 소리
구름 밖에서 들려오나
온산이 저물어
새 날아가고
강에는 배 한 척
중이 건너네.

산행(山行)

강변에
나귀 탄 길손
흰 머리
소소한 늙은이
나귀 채 치며
어디로 가시는고
단풍 붉게 물든
흰 구름 속을.

산거(山居)

물 질펀해
고기는 마냥 즐겁고
숲 깊어
새도 찾아들 줄 아누나
유연히
자연생태 바라보다가
휘파람 실컷 불고
창주*에 누웠노라.

* 창주: 물가의 땅. 은자의 사는 곳을 가리킴.

영응(詠鷹)

음산*의 하늘
홀로 날던 기러기
어느 곁에
바다 건너와서
날개 활짝 펴
내 손에 떨어지는고
너의 범상치 않은 바탕
사랑하노라.

* 음산: 만리장성 너머 북쪽 변방의 산을 가리킴.

임세겸

꿈 외 4편

성남(城南)집에 자면서
맑은 술통으로
달빛을 대하였도다

오늘 밤에
북쪽 객(客)들이 모였으니
몇 해 동안
남쪽이 모두 막혔도다

세상일은
좋은 계책이 없어 막막하구나
문장만은
모두 한 가정이더라

가을이 오니
내가 숨어 살고자 하고
구름 골짜기 메워
꿈은 아련히 떠나는구나.

배로 한강 동쪽에

단구(丹邱)가
좋다는 말을 듣고
적은 배로
한강 동쪽에 왔도다

꽃은 비 오는 일천
뫼 뿌리에 피고
돛단배 돛은
한강 바람에 걸렸도다

먼 산 뫼 뿌리는
돛대 머리 위로 보이네
개인 구름은
골짜기 밖에 비었도다

나는 쑥대를
이따금 언덕을 치니
놀란 새는
새로운 세상으로 날아가네.

배를 타고 가서

오늘 아침에
말을 같이 타고 오다
강물은 연일
밤비에 불어나고

새는 해질 무렵
구름 하늘에서 울고
돌길은 산 밖에 뚫려가고
바위 꽃은 말 앞에 떨어지네

집을 떠나온 오늘
내가 글을 읽네
머리를 되돌아보니
문득 막연하여지네.

몽탄강(夢灘江)

먼 데 있는 사람을
생각할 수 없구나
먼 곳을 생각할수록
마음이 더욱 멀어진다

혼(魂)이 가서
어느 곳을 찾으랴
편지가 오면
잠깐 수심이 놓인다

삼촌(三春)*을 구름 덮인
골짜기 집에서
천 리에 있는 몽탄강(夢灘江)*을
꿈에 배로 간다.

집을 떠나 있음이
이렇듯 걱정이 되어
백 년을 기리 이렇게 할까
두려워한다.

* 삼촌(三春): 봄의 석 달

숙설암(宿雪岩)에서

봄빛이 창연(蒼然)히
별포(別浦)에서 일어나니
눈 쌓인 바위 아래서
술통 메고 가는구나

긴 호수에 달빛이 밝으매
어룡이 움직이고
높은 산골짜기 봄이 오니
산천초목 부드럽도다

길가는 사람이
밤중에 자지 못하고
어린 유자나무 힘없이 외로이
물가에 서 있구나

외딴 들판 두어
집에 비친 불빛 외롭구나.
걸어가는 길옆
시냇가 걸으니 그윽하도다.

임상정

음양(陰陽) 외 4편

캄캄한 가운데
한없이 밝은 것을 점유하니
그런 단서를 증험하여
그 시초를 알게 된다

탁(濁)한 물이
그렇게 깊다 하지 마라
더러운 것만 제거하면
역시 맑으리라.

정월 보름달

앉아서 아이들이
연(鳶)을 띄움을 보니
일어나서 오늘이
정월 보름달임을 알았도다

금년에 달 뜨는 것이
우리 고을 쪽에 옅고
옛 풍속은
오늘 밤에 등을 단다

절서(節序)* 수시로 바뀌는 계절
머물게 할 수 없고
귀 밑털은 덧없이 희어지고
세월은 간다

밤중에 앞에 오는 일을
묵묵히 계산하여 보니
먼 길 천 리에 말을
몇 번이나 채찍질하였던고.

닫힌 문(閉門)

궁한 골짜기에 뉘라서
초현경(草玄經)을 지었음을 물으랴
문을 닫고 있으매
붉게 물든 단풍나무 잎 떨어지고
맑은 가을에 병들어
기리 누었기를 생각하고
고요한 밤에 글을 보매
언제나 잠이 안 오더라

온갖 귀찮은 일은
술잔 속에서 잊고저 하고
한평생을 앞에 있는
국화를 보고 늙겠노라
덧없는 인생이 참다운
일 찾을 수가 없으니
태평스럽게 한가한
정이 곧 풍속 인연이로다.

무덤을 지나면서

청산에 지금
백아금(伯牙琴)*을 장사 지냈으니
천하에 다시 또
고음(古音)이 끊어졌구나

필마로 혼자 왔다
혼자 돌아가는 길
몇 줄기 눈물이
가을바람에 뿌려진다.

* 백아금(伯牙琴): 백아(伯牙)는 춘추시대에 거문고를 잘 타던 사람

무제(無題)

고을 이름은
현풍이 맞는데
인심도
태곳적과 다르다

성당에 해는
저물려 하는데
성(城) 아래의
사내는 굶주린다.

임창택

가을 심사 외 4편

골 어귀
가을 소리 밀려드니
내리는 서리
풀잎에 가득하구나

아끼던 칼 판 뒤
하염없이 흐르는 눈물
맑은 첫새벽
흰 머리에 빗질하노라.

온달부인

생김은 추하고 빌어먹었다네
비수(沸水)* 땅 사내 온달이라고 했지
왕궁 계집아이 울기만 하니
울 때마다 왕이 놀려대었네
크면 반드시 온달 아낼 삼겠다고

공주 나이 열여섯에 부마(駙馬)를 고르네
부마*를 고르려 하자 공주가 불가하다 하네
필부(匹夫)*에게도 식언은 좋은 일 아냐
왕이 늘 했던 말 공주는 잊질 않았네

산중에서 느릅나무 껍질 함께 채취한대도
가난하다 천하다 어찌 꺼리리오
옛사람은 가난해도 병들어도 저버리지 않았으니
전에는 온달(溫達) 부인이 있었고
후에는 백운(白雲) 부인*이 있도다.

* 비수(沸水): 주몽이 고구려의 도읍지로 삼은 졸본(卒本)의 상류
* 부마: 임금의 사위
* 백운 부인: 신라 화랑 백운의 아내 제후(際厚)

성 위에서 절하다

정관천자(貞觀天子)*의
옥화(玉花)로 된 말굴레가
힘센 장수 석권하니
천하가 진동하네
요동 총관 적과 대항하기 어려웠고
백마 탄 장군*은
대적할 자 없이 용맹하네
우리나라에 사람 없다 말하지 말라
외로운 성에서 임금을 위해
죽음을 각오한 신하 또한 있네
가을바람 쓸쓸하게
황월(黃鉞)*에 불어오는데
누가 군왕(君王)*에게 권하여
이런 정행(征行)* 있게 했나
지금도 살수(薩水)*에
귀신의 원통한 부르짖음 있음을
대업황제(大業皇帝)* 그대는 듣지 못했는가.

* '정관천자(貞觀天子)', '백마 탄 장군', '군왕(君王)', '대업황제(大業皇帝)': '당태종 이세민(李世民)'을 가리킴.
* 황월(黃鉞): 천자가 정벌할 때 쓰는 상징물로서 황금 도끼
* 정행(征行): 당태종의 고구려 침략

까마귀 머리 하얘지고

눈은 희고
까마귀 머리는 검은데
눈이 내리니
까마귀 머리가 하얘지네

눈이 녹으면
까마귀 머리는 도로 검어지지만
나의 마음은 바꿀 수 없네

마음은 바꿀 수 없으나
몸은 죽을 수 있으니
선죽교 어귀의 붉은 피가 놀랍구나.

가실 신랑 노래

소년 가실이 대신해
요해(遼海) 근처를 지키고
늙으신 아버지 집에 계시니
저는 근심 없지요

가실 신랑 한번 떠난 뒤
생사를 몰라
아버지가 저를 시집 보내고자 하니
저는 시름겹습니다

오늘 저녁은 무슨 저녁이길래
가실 신랑 돌아왔나요?
기쁨에 차 신랑을 맞이하고자 하나
아직 혼자 의심하네

신랑의 마음은 알 수 있으나
얼굴 모습은 모르겠네
하물며 초췌했으니
옛날의 모습 아니로다

가실 신랑 떠날 때
거울을 반으로 쪼개어
한 조각은 신랑 주고
한 조각은 간직하였는데

가실 신랑 먼 곳에 떠났다가
무탈하게 돌아왔으니
저는 이미 부부 될 것을 허락한 몸
가실 신랑이여 만월되어 빛나니
원앙새처럼 백년해로하리라.

임사원

형과 함께 외 4편

감히 때를 타고
바다로 가려 하였더니
꼭 지팡이를 꽂아 놓고
밭을 갈아 마땅하도다

땅은 산과 바다의
좋은 경치를 겸하였고
시렁에 성현의 글
귀히 보전되어 있도다

약초 심은 밭에
처음으로 비가 오고
조대에는 늦은
구름이 개었도다

거문고로
한 곡조 노래하니
어찌 세상 사람에게
보내 듣게 하랴.

무제(無題) (1)

엄숙하고 단정히
팔을 끼고 앉았으니
제실(齋室)이 고요하여
사람이 없더라

사람이 없는
땅이라고 말하지 말라
옆에서 보는
귀신이 있도다.

무제(無題) (2)

산제(山齊)에 밤이
깊어 추워지고
병풍에는 촛불
그림자가 깊도다

강호(江湖)에 노는
사람의 꿈이요
천지간에 소년의
마음이로다

찬 이슬이 내리매
벌레는 목메어 울고
바람이 불매 쇠잔한 잎이
글을 읊는 듯하구나

앞마을에
새 독에 술이 낳으니
술 사다 마시고
마음에 품은 생각 털어놓고

매화

너의 바탕은
차갑게 희고
너의 성품은
맑은 듯 조촐하구나

하물며 이 초당
앞에 있으니
바람이 불어도 좋고
달이 있어도 좋다

새 우는 소리
온 누리에 울리네
풀 나무 무성한
푸른 산에 가랑비 갰도다.

승달산(僧達山) 상운암(上雲庵)

연꽃 같은 산빛은
아득하게 공중에 연하였으니
제일가는 선구(仙區)에
암자 집이 있도다

바위에 비긴 비석은
아직 옛 자취가 있고
뜰에 가득 찬 좋은 풀은
스스로 봄바람이 불다

구름은 용해(龍海)
삼천 리에 걷히고
바위는 사자산 봉우리
십이봉이 높더라

맑게 울리는 경쇠
소리에 날이 저물고
세상으로 돌아갈
길이 얼마나 첩첩한가.

임매진

솔바람 소리 외 4편

한겨울 추위에 마음으로
생각하는 일이 어떠한지 물으니
가지 끝 서리처럼
센머리 털의 절뚝발이 사람이
늦도록 책을 편다 하네

바람이 나무를 스치어 울리는 소리
긴 밤 동안 울리니 듣기 좋은데
외로운 암자의 저물녘
성긴 경쇠 소리에 절반이 섞이네.

산촌의 저녁연기

한눈에 평평한 황무지를 바라보니
도리어 아득해지는데
저녁연기 산을 감싸고
나무를 둘러싸니
사방 변두리가 어두워지네

단연코 촌락을
다시 잃어버리는 일은 없는데
우리가 앉은 천지자연의 원기*는
아직 신년이 아니네.

---

* 천지자연의 원기: 원문 홍몽(鴻濛)은 우주가 형성되기 이전부터 있어 온 천지의 원기 혹은 그와 같은 혼돈 상태를 가리키는 말

대나무 그림자

이파리는 가느다랗고 줄기는 성긴데
어찌 살아 움직이는가?
차군(此君)*의 맑은 경치는
여럿이 있는 그 가운데도 많네

대나무 없이 살 수 없다는 것을
비로소 알겠거니
그윽한 창가에 앉아서 희롱하니
휘파람으로 또한 노래하네.

* 차군: 대나무의 별칭

절에서 들리는 종소리

풍연(風煙)의 경치가 절정인 곳에
석가 제자들이 다스리는데
용이 서리고 범이 걸터앉고
하물며 디딜방아라니

이따금씩 듬성듬성 맑은 종소리
음향이 떨어지는데
절반은 밤 구름에 섞이어
베개맡으로 들려오네.

돌아가는 구름

누가 구름이 한가롭다고 말하는가
도리어 한가롭지 않은지
종일토록 영롱하게
앞산을 지나가는구나

흰옷 같더니 푸른 개*가 되어
번복하기도 많은데
창문(牕門)의 해를 도리어 가리니
가까이 하지는 마소.

---

* 푸른 개: 원문 창구(蒼狗)는 구름의 형상을 형용한 것으로 변덕스러운 세태(世態)를 뜻함.

제2부

나주임씨 현대 시인

임억규(林億圭) 임동준(林東俊) 임종선(林鐘善) 임재근(林在根) 임태성(林泰盛) 임문영(林文榮) 임종은(林鍾垠) 임만규(林萬圭) 임춘식(林春植) 임길택(林吉澤) 임동규(林東圭) 임찬일(林燦日) 임수홍(林洙弘) 임경렬(林敬烈) 임춘임(林春任) 임유택(林有澤)

임억규

우면산 꿩 소리 외 9편

바람 끝에 밤꽃 인다
장끼란 놈
꿜꿜꿜

훨훨 털고 오란 소리
놀러나 오란 소리

고향엔
풋보리 익겠다
앵두가지 휘겠다.

가을의 발짝 소리

동네 닭 홰치는 소리
들어본 지 오래다
아파트촌의 이른 새벽
아직은 인적 없고

가랑비
종종걸음에
지창(紙窓)만 젖는구나

차들은 바람을 가르며
속도로만 바쁜데
느낌은 간사하고
감각은 요사하다

빗방울
딛는 저 소리
가을의 발짝 소리

그림자로 피고 지는 꽃

수몰(水沒)의 고향산천 보고 온 지 사흘이다
하늘엔 구름 몇 점 드문드문 한가롭고
가지 끝
새끼 바람이 와
상강(霜降)이라 하느냐

우면산 왕매미는 마른 귀를 긋는구나
이런 날 산 꿩이나 화들짝 날아 보라지
입추의
앞마당이다
시절이 또 익나 보다

큰 누님 생각하니 그쪽은 다른 세상
고향의 언저리엔 작은누나 살고 있고
빈 뜰에
과꽃은 저토록
피고 지고 피고 지고

바람에 띄운 날

나아가 임을 볼까
돌아와 임을 볼까
길 끝은 길에 닿고
물 끝은 물에 닿고

바람은
끝이 없어라
끝 간 데가 없더라

하늘을 덮고 누워
달을 보고 별을 본다.
계절의 숨바꼭질이다
시절이 수상하다

몸뚱이
둥둥 띄워 본다
허깨비로 띄운다.

꽃이여 피어라

동녘에 해 오른다 꽃이여 피어나라
한 결로 맑은 하늘 해님을 마중하자
찬 이슬 머금고 나와 나팔꽃 피어라

햇살이 땅 위를 대굴대굴 뒹구는 하루
나무는 키를 세워 두 손 들어 환호한다
환하게 금빛으로나 해바라기 피어라

산그늘 길게 눕고 새들은 둥지에 들고
노을이 사랑으로 물드는 석양이다
집집에 지붕마다에 하얀 박꽃 피어라

해님은 서산에 들고 산새는 둥지에 들고
별들이 눈을 뜬다 달님이 오실랑 갑다
서둘러 달마중 가자 달맞이꽃 피어라.

눈먼 고향

알살을 찢어대는 포크레인의 허연 이빨
흙 자리 물 자리 뒤바뀌고 말았구나
고향아
눈먼 고향아
귀까지 멀으란다

백기 들고 엎드리면 하늘이 내려올까
한 가닥 마음 자리 물 밑으로 가라앉네
천 년을
잠자고 나면
월견초(月見草)로 일어설까

아버지의 그 아버지 기침 소리 걸린 가지
아들의 그 아가의 자장가가 누운 자리
부뚜막
길든 흙까지
물에 풀려 흘러라.

눈발에 쓰는 편지

첫눈이 내리는 날에
함께 걷고 싶던 사람아!

너와 나의 하늘에
해가 가고 달이 간다

눈꽃은
꽃이 아니더냐.
오늘 또한 봄이고야

물

빛깔 고운 땅에
무색이라 좋고 좋고

막히면 스며가고
뚫리면 흘러가고

길이야
굽거나 말거나
앞서거니 뒤서거니

물속에 잠긴 고향집

고기가 뛰는 맛에
그 물은 물이었다
어디로 가 버렸나
물 자락 바람 자락

인정(人情)도
입은 상처가
쑥스러운 오늘이다

옹달샘 메워지고
돌담이 주저앉고
어머니의 두 다리가
후들후들하더니

고향집
삼백오십 해
그 역사가 잠겼다.

백두산에서

남의 땅 밟고 와서 백두에 내가 섰다
소리 없는 징 소리에 천지가 열렸구나
높은 봉
구름 한 자락
깃발로 펄럭펄럭

사진 한 장 찍고 나서 숨 한 번 몰아쉬고
고개를 빙 돌려서 산을 보고 물을 본다
한배검
깃발 자리가
여기 어디 있을 거다

산 아랜 아귀다툼 바람결 세차대도
손잡고 어깨 세운 산자락은 곱디곱고
삼천 리
백두대간을
하나로 펼쳤네.

임동준

반추(反芻) 외 4편

어느새 세월이 이렇게 흘러갔을까?
어느새 시간이 이렇게 흘러갔을까?
아버님 따라 논밭에 갔던 시간이 어제 같은데

어머님 따라 시장 구경 갔던 시간이 어제 같은데
내 곁에는 아버지도 어머니도 계시지 않는다.
이젠 기억조차 흐릿해지는구나.

세월이 유수와 같이 흘러
이젠 내 나이가
옛날의 아버지, 어머니가 되었고
세월과 함께 떠나버린 청춘

돌이킬 수도 없는 흘러간 청춘
하고 싶은 것도 많았고
가고 싶은 곳도 많았는데

이젠 마음도 몸도 지쳤으니
흘러간 청춘 아쉬워 어찌할거나.

청춘이란 것을
조금만 더 일찍 알았더라면
하고 싶은 것 다 해보고
가고 싶은 곳 다 가보았을 텐데

흘러간 청춘을
아쉬워하지 않았을 터인데
나의 인생은 오직 나의 것이라는 것을
일찍 알았더라면 더 좋았을걸.

인생은
그 누구도 대신 살아주지 못한다는 것을
청춘이 덧없이 흘러가고 나서야 알았으니

이제 조금 남아있는 인생길이지만
후회하지 않도록
보람 있게 멋지게
나를 위한 삶을 살아보리라.

결코 후회하지 않을
그런 삶을 살아보리라.

마음에 새기다

이 세상에서
가장 아름다운 것은

아침에 풀잎에 맺힌 이슬
장미 한 송이

호숫가에 핀 수선화
오래된 바위 위에 낀 이끼

잘 닦인 유리구슬
안개 낀 고향 영산강보다

은쟁반에 옥구슬 구르는
맑은 어머니의 눈
목소리더라

낙서

이 세상에서
가장 아름다운 삶이란
죽는 것을 배우고 나서
사는 것을 배우는 것

이제 내게 남은 일은
하늘 같은 사람이 되는 일도 아닌
그저 순박하게
내 마음에 떨어진
풀씨 하나 받아 키울 수 있는
인간으로 남는 것

슬픈 우리 젊은 날
기쁜 우리 늙은 날에
순백의 맑은 영혼으로
다시 태어나
거듭된 생을 새롭게 살아보리라

지금 이 순간 여기에서
나에게로 떠난 여행
나는 누구이며 어떤 존재인가
눈을 감은 것은
오늘이 아니고 내일 두려워서이다.

여행

숨 한 번
쉴 만한 짧은 시간이

KTX 열차보다
더 쾌적한 인생 열차를 타고
그리운 고향에 간다

차창을 바라보니
산천초목은 그대로
내 인생 노트에
그림으로 남아 있다

철길은 산 넘어 바다 건너
행복과 기쁨을 가득 싣고
떠나지만 인걸은 없구나

차표도 없이
좌석도 없이 추억으로
달려가는 열차에

인생이란 홀로 떠나는
여행이 아닌가.

삶의 몫

세상사 굽이굽이
삶의 길목에서
바람 타고 구름 따라온
인생이란 거

사랑의 가치는
이별에서 알았고

젊음의 가치는
나이 들어보니 알겠고

늙음의 가치는
살아 있음에 알았고

어쨌든
삶에는 어느 것 하나
버릴 것이 없더라.

임종선

무궁화 외 9편

삼복염천 엄동설한도
흔들림 없이
강인하게 버틴 너
한없이 의연하였구나

조국의 미래 민족의 혼
뿌리 깊게 간직한 너
의사, 열사 선혈로
자란 네 모습 불안하구나

굳은 땅에 뿌리박힌
야무진 너
벚꽃, 매화, 해바라기들
야금야금 먹고 있네
물 한 방울 줄이 없어
네 모습 가련하구나

삼천리 금수강산
방방곡곡에 너
화사하게 수놓을 때
그 흡혈귀들
넘보지 못하리
굳세어라 더 굳세어라.

장미꽃

립스틱 짙게 바른 춤추는 장미꽃이
앞다퉈 뒤질세라 고운 손 내밀어
연모의 눈길 붙잡고
잠깐 쉬어 가란다

올해도 꽃 중의 꽃 오월 여왕 찾아와
담장 안 기웃거린 오만 잡귀 몰아내고
가시도 그 한 몸 바쳐
빛과 향을 지킨다

그 옛날 그 홍안 모두 다 주름지니
여왕도 부질없다 진이도 돌아서네
허건만 다시 뛰는
가슴 무지개도 손짓하네.

고독한 형제

동쪽 바다 우뚝 솟은 외로운 형제들아
따뜻한 칠천만의 보살핌에도 고독한 너
이리떼
호시탐탐해
가련하다 형제들

서투른 처음 만남에 무관심 속 백 년 지나
고란의 긴긴 세월 갈매기도 구슬펐지
험난한
질곡의 터널
가엾구나 형제들

폭풍이 몰아쳐도 파도가 닥쳐와도
백여 년 지킨 자리 갈매기가 알리라
외쳐라
크게 외쳐라
당당하다 형제들

칠천만이 지키리라 고독일랑 버려라
태극기 높이 들고 조국의 자손이라고
의젓한
너희 원한을
파도처럼 외쳐라.

위안부 인생

고운 싹 짓밟힌 채 위안 오명 쓰고
앗긴 인생 절규한 지 수요(水曜)집회 일천 회째
허건만 동포의 무관심 무궁화가 피 흘리네

백발들 함성 모아 하늘 찔러 육십 년
구십사 세 최고령 황천길 끌려갔네
극락은 과람한 욕심 저승에도 쫓겨날까

정신대 단발랑(斷髮娘) 동북아 동남아로
끌려다닌 그 세월 자존심 다 삭이고
한 가족 한 동포인 걸 외면 한눈 섧구나.

담배

시름겨운 손가락 새 굴뚝 연기 대신하고
숨겨둔 사연 싣고 허공 중에 맴돈다
그리운 그 마음일랑 그이에게 전코저

일터에서 쉼터에서 외로움 달래주고
내 한 몸 사루어서 그 사연 전했건만
무심한 그님의 마음 허공 중에 맴도네

십일 프로 국가 재정 오십 년 전 효자가
오늘엔 생명의 적 푯말 세워 나를 쫓네
마소서, 세상의 인심 어제런 듯 설어라

쌓여가는 뭇 시름 이제금 어이하리
한숨짓는 저 늙은이 손마디가 비었구나
님이여, 건강만 말고 옛정일랑 잊을까.

민들레의 운명

민들레야 민들레야
네 모습 처량하다
뭇 사람 발길질도
매서운 허리케인도
의연히 버텨온 강인함
의젓하고 장하다

민들레야 민들레야
네 모습 불안하다
금수강산 삼천 리
뿌리 내려 반만년
맹수들 떼 지어 날뛰니
깊은 잠을 설친다

민들레야 민들레야
네 모습 강인하다
강력한 폭풍에도
달콤한 유혹에도
과감히 뿌리치고 뭉쳐라
굳은 땅이 지키리라.

봄의 향연

봄의 전령(傳令)
개나리

목련화
시들고

진달래
철쭉이랑

립스틱 바르고
유혹하는데

경로당
할배 할매 웃음꽃도

아파트의 담장 넘는다.

밤꽃의 효자

한 송이 밤꽃을 피우기 위해
봄부터 향기 내어
그렇게 유혹했나 보다

한 톨의 밤알 결실 위해
많은 꿀벌들 유인하여
달콤한 사랑 나눴나 보다

조상님 제사상에 효자 위해
여름 염천 고열 극복하고
알알이 영글어 삼정승 되었나 보다.

무소유(無所有)

수의(壽衣)에
호주머니 없는데
무슨 노자(路資)

번지르르 영구차(靈柩車)
공짜로 탄다는데
여유(餘裕)랑 다 봉사(奉仕)하고
무소유로 떠나리라.

기구한 운명

예쁘게 무궁화꽃
단장한 보금자리
홍익인간 정신 이은
같은 피 나눈 형제
반만년 구백여 수난
피눈물로 지켜 왔네

네 모습 청순하다고
네 품성 온순하다고
울 넘어 겁탈하련다
섬뜩한 악마의 포효
정글의 약육강식 장
사면초가 네 운명

평화로운 네 터전
오붓한 형제들에
네 마리 맹수 떼들
증오의 칼춤을 춘다
천성이 온화한 형제들
오직 만남 생존길

임재근

가을 애상(愛想) 외 9편

오솔길 모롱이에 함초롬히 쏟아 내린
샛노란 은행잎 하나 책갈피에 끼우니
가슴에 묻어둔 사연이 활자로 살아난다

칼바람에 울어 애는 한옥 문풍지처럼
떨려서 엄습해오는 고독한 전율이
잊혀져 까만 머릿속을 하얗게 다듬질한다

숨겨둔 그 사연을 면도날로 도려내어
높푸러 시린 하늘에 사알짝 비춰보니
그리워 애태운 그 얼굴 별이 되어 반짝인다.

감꽃 추억

돌담길 울타리에
감나무 서너 그루
연둣빛 속잎이
파릇파릇 피어난다

첫새벽에 감꽃 주우려
하얀 밤 지새운 가난
별빛처럼 총총한데

봄비에 젖은 함산(咸山)*
부스스 눈 비비고
꽃동네 곱게 차리려
살금살금 걸어온다.

* 함산(咸山): 고향마을 산

달맞이꽃

여울져 흐르는 강물 보란 듯 시샘하여
어스름 달빛 아래 고즈넉이 피어나
새색시 가슴 가리듯 수줍어 꽃술 가린

해님에 숨죽이고 달뜨면 살며시 피어
꿈결에 찾아드는 첫사랑 환영처럼
무뎌진 이내 감성을 날 세우는 꽃이여

야밤에 오시는 님 행여나 길 잃을까
강나루 길목마다 초롱불 밝히느라
흘린 땀 아침 햇살에 이슬로 반짝이나.

황혼 열정

여울목 가장자리 살얼음이 매섭고
높은 산 음달에는 잔설이 눈부신데
뜰 앞에 매화 망울은 어느 틈에 꽃피웠나

혹한을 이기어낸 노거수(老巨樹) 잔가지에
몸 바쳐 피워 올린 송이송이 하도 예뻐
꽃 향에 취한 벌 나비 사뿐사뿐 날아든다

인생길 헤쳐 오다 주름살 깊어지고
힘겨워 져 온 짐에 몰골은 초췌해도
가슴에 끓는 열정은 청춘에 뒤지지 않아

한평생 성심 다해 빚어낸 노련미(老鍊味)와
노을빛 곱게 물든 중후한 덕향미(德香美)를
누구라 황혼 녘 객기라 하여 가벼이 여기리오.

그리움

간밤에 내린 이슬 꽃잎에 영롱하고
새 아침 햇살에 눈이 부신 꽃송이가
저마다 진진한 향기 시샘하듯 풍긴다

뜬눈으로 지새운 까만 밤의 고독이
환영에 빠져든 무성 영화이었나
적막의 기나긴 시간 삭신의 아픔도 잊는다

해님이 피어 올린 장밋빛 정열의 꽃
세월이 연출한 노을빛 아름다움이
그리운 화신으로 남아 나를 울린다.

기다림

저 하늘
저리도 수많은 별 중에
숨은 별 하나 나를 내려 본다

이 땅에
이리도 수많은 사람 중에
숨어서 그 별 하나를 쳐다본다

새벽이 되자
별은 밝음에 묻히고
나는 생활에 묻힌다

이렇게
간절한 너와 나는
어서 하루가 저물고
밤이 오기를 기다린다

밤마다 너와 나는
언제나 하나가 된다.

봄날에

앞산 뻐꾸기 소리
뒷산이 흉내 내며
봄날은 시시로 익어가고

산 너머 강바람 살살이 불어와
연초록 잎새를 애무한다

숲 향에 취한 산새들
지저귐 소리 정겨웁고
냇물은 돌 틈 사이서 속삭인다

피어나는 꽃들이
풍경화를 그리는 화사한 봄날

초록의 물결 위에
황토색 들판을 일구는
농부의 근면이 대지를 녹인다

아름다운 열정이
풋풋한 봄 향기가 새 희망을 부른다.

붙박이 사랑

사춘기 첫사랑도 바람이어라
혈기에 풋사랑도 바람이어라
우연한 사랑도 인연으로 만난 사랑도
세월 가니 다 바람이어라

첫눈에 꽂힌 장밋빛 사랑도
애간장 태우던 달맞이꽃 사랑도
닿으면 터질 듯 봉선화 사랑도
그저 스쳐가는 바람이어라

실바람으로 다가와 소슬바람으로
하늬바람으로 찾아와 된바람으로
미련 없이 떠나버리는 매정한 바람이어라

그래도 한평생 내 곁에 머무는 사랑은
실바람도 하늬바람도 아닌
변함없이 온기(溫氣) 풍기는 구들목 사랑이어라

내 영혼 통째로 줄 수 있는 사랑은
한 시련 이겨낸 민들레 사랑
싹쓸이 바람도 비껴가는 붙박이 사랑*이어라.

* 붙박이 사랑: 아내 사랑을 비유한 말

풍경(風磬)

대웅전 추녀 물고
천상 가는 이어(鯉魚)*야

노도에 떠밀리어
산사에 왔었느냐

속세의 인연 끊으려
구도 길 들었느냐

허공을 강물 삼아
산바람 파도 타며

낭랑한 독경 소리에
몸 바쳐 우는 너는

중생을 제도(濟度)하느라
뜬눈으로 지새우나

* 이어(鯉魚): 잉어의 옛말

흙

삼동의 추위에도 백설을 이불 삼아
어린 씨 오롯이 품어 새봄에 꽃피우니
구 남매 낳아 기르신 어머님 자궁인가

비 오면 비를 맞고 눈 오면 눈을 맞아
뭇매를 맞으면서 말없이 사는 너는
갖은 한 녹여서 내는 어머님 가슴인가

품 없는 꽃이라서 향기는 질박하나
화분에 고웁게 핀 난향에 비할 손가
구수한 그 내음새는 어머님 체취인가.

임태성

알바트로스의 태양 외 9편

나는 이 섬의 알바트로스
알로써, 털로써
깨어나 덮어 입고
가시절벽 별자리에 섰다

물과 바위 마시고 거품으로 치솟아
다시 깨지는 땀의 터

소금의 폭풍과
피를 털어 싸우며
내 어버이 정반합 물결을 삼킨다

뚫으며 오른다
백팔 개 잔주름을 번개로 씻고
천 근의 날개로 벼랑을 찢으며

태양의 흑점 먹이를 찾아
공통의 새 이름을 벗고
오십 일의 장정
파죽의 활로 박차고 바다를 품는다.

가고 있다

무슨 일일까
앞 개미 뒷다리만 보고
한 줄 따라 개울 건너서 가고 있다

역사라는 것
평생을 한 권에 묶여서
열심히 눈을 박아 놓고 따라간다

꾸벅거리면서
시를 뇌까리며
깃대를 따라 주먹을 쥐고 따라간다

그것이 연기인지
안개인지
번개인지 우레인지

때만 기다리며
원심력 구심력 사이에 끼어
개미 꽁무니 보고 따라간다.

거북이의 일생

길 위에 길을 업고서
한 발 두 발
멍청한 눈
세상 다 보며 네 발이다

사자 호랑이
이빨이 부럽지 않은 느림보
평화를 혼자 안고 긴 세상 걸음이다

알도 새끼도
감추다가 모두 내어 주고
큰 바다에서 훌쩍이며 홀홀하게

깊은 골 거북이 홀로 영감
외진 다리로 논길을
삼백 년 거북걸음으로 걷는다.

내 고향

곱사등 내 고향은
바람이 흔들리는 곳

등 너머 내 고향은
신 춤 뭇 노래가
엉켜 날리는 곳

뻐꾸기 까치 애비에
자라는 흰 구름 한 줌
날개 이야기는 돌담에 심어지고

겨울이 쪼이고 여름이 굽어도
잔칫집 안마당은 넓게
뒷산 상여 가는 길에는 솔씨가 흐른다

고향 흙더미
훈훈한 정이 익는 냄새
언제나 엄마 앞치마가 눈물을 닦아 주는 곳

벗이 오는 날

그래 친구야
옛날을 들고
두 팔 흔들며 어서 오게나

물울음 높은 구름
솔씨길 따라
먼 길 나의 청산을 만져 보면 어떨까

흙은 흙내를 내고
물은 물내로 읊조리니
혼자의 바위도 자네를 기다리고 있네

골짝 눈물샘
서러운 통소 대나무도 서 있으니
등신불 석문을 지나 선뜻 와 보렴

턱을 고이고
산을 기다리려니
백지의 이야기라도 좋다
그물 없는 내 집에 기침 소리 한 번 울려다오.

그리운 땅

묵은 술맛 잃어버린
원시를 버리고
현대를 빨며 살아간다

사냥터
깊은 산하
녹슨 땅 갈아 내어
벌판을 길러낸 바이칼이
단군이 숨을 쉬는 무당춤을 놓지 못한다

학생 부군이 되어 버린
역사의 큰 토막
먹혀 버린 광개토 금빛 땅문서

호랑이 순록 곰 늑대
친한 소리는 날아가 버리고
저 아래 반도에서
치와와 고양이 옷 입히며 산다.

그믐밤에 거리

초하루 허리 잡고
초승달 꼬리 찾아 고개 넘는다

덜 깎은 수염
따라오는 하이힐
모란 지고 수국 피고 고단한 하루들

뱃머리
높새바람 타고
속삭임이 시샘하는 순간 여행

어느새 보이는 것만 보이고
무덤이 필요 없는
한 달의 질서 위에 끝자락

맏딸 무거운 입술
발까지 감춰 주고
검은 정장 한 세월이 점으로 사라진다.

마음

등불 심지가
눈 뜨면
맴도는 오리나무 가지

비에 젖은 잎
말려 놓고
다시 수레는 걷는다

구름 이름만큼이나 많은
조각난 사연을
접었다 다시 펴며

따질 것도 없는
세상살이 살림에
담배 연기만 따라간다

가물가물
별무리 새벽의 몸부림
아아아 알게 모르게
어디를 그렇게 망설이고 있는가.

바이칼

어떤 혼불일까
닮은 수염이 비치는 물빛

목이 마르게
눈물이 출렁거리는
피난길 한 모퉁이 그 땅의 냄새

거북의 본능인가
찾아가는 길
넓은 서러움이 가득한 바이칼의 물소리

송화강 압록강마저
안타까워하는
물은 어째서 물이 되어
피에 젖은 옷자락을 더 붉게 하는가

원류의 씨앗이
몽고반점 등을 치고
무당춤 징 소리 지금도 둥둥거린다.

보고 싶다

먼 길 발자국 철로 끝
사라져 버린 버선길

삼켜 버린
땅거미 이야기가
보고 싶고 보듬어 주고 싶다

그때가 봄
열여덟이라 했고
아프고 고왔던 조약돌 시냇가라 했다

철도 없이 뛰어 솟기만 했던
작은 가슴에 연가지 꽃 안개 피던 날

이른 새벽 찾아오는
마을의 삽살개
서울을 울리는 밑바람

맺었던 인연이 보고 싶어
다시 눈을 감고 꿈을 청한다.

임문영

학란(Walking iris) 외 9편

꽃대 하나
봄소식처럼
고고한 자태를 피우더니
고울수록 쉬 지는지
풋사랑처럼
하루 만에 지고 마는
천재 시인 요절하듯
절창의 시
한 줄 같은 너
아쉬움 가득 안고
훗날에 다시

자유

들판에서
고운 화분에 옮겨 심은
야생화 한 송이

거친 바람
척박한 대지라도
오늘의 꽃을 피웠는데

뿌리 더 뻗지 못하고
갇힌 채로
야위어만 갑니다

첫 만남의 기쁨도 잊은 채
지금의 나로 있는 나

당신을 위한
나의 자유는 어디 있나요

어디서 무엇이 되어 다시 만나리

비 갠 아침
조선청화백자 보러 박물관에 간다

백자에 푸른 코발트색 수놓은
화원(畵員)들의 예술혼

구름용무의 항아리(龍樽)에 예(禮)를 갖춘 마음으로
묘지(墓誌) 앞에 머리 숙이고
문인의 작은 문방구에 큰 세상을 본다
불수감(佛手柑) 무늬 항아리 앞에 숙연한 겸손

어디서 무엇이 되어 다시 만나리

푸른 빛 고운 시대를 꿈꾸던 이들
비 갠 저 하늘의 청잣빛처럼 살자던

새가 된 아내

고요한 숲속

아침을 여는 뻐꾸기
직박구리의 사랑놀이
동고비는 밤새 잠도
안 자고 시끄러웠다고
숲속의 비밀을
뻐꾸기가 뻐국뻐국
일러준다
아내는 창문을 젖히며
알았어, 뻐꾹 뻐버국

그녀는 새가 되었다

소나무

눈을 감아도 선산의 소나무 숲에
소풍하듯 노는 모습
보고 싶다던 어머니

비료 한 포대
소나무 밑동에 뿌려 주었다
혹여 태풍으로 소나무 쓰러지면
바로 세우라 하시며
애지중지하시던 소나무

한여름 기일(忌日) 그 소나무 그늘 아래
메뚜기처럼 뛰어노는 손주들
어머니 흐뭇하시겠다

해마다 힘들게 들고 오신
비료 탓하던 불효
그렁저렁 하늘을 쳐다보며
비료 한 움큼 더 뿌려 준다

1분

아무도 다니지 않는 빈 길 위에서
잠시 눈을 감고 걸어 본다

서너 발자국 지나지 않았는데
자신 있게 발이 띄어지지 않고
불안감에 눈을 뜬다

알 수 없는 미래가 그럴 것이다
단 1분의 미래도 알 수 없는 세상사에서
서슴없이 살아간다는 일

겁 없이 잘도 살아왔다
남을 시간도 그러하게

국화

가을입니다
낯익은 햇살과
높이 올려 보이는 하늘이
국화를 웃게 합니다

저녁 향기는 마당에 가득해서
추억이 생각나게 합니다

첫눈 내리는 어느 날
한 잔의 국화차는
시린 가슴에 남아 있는
누군가를 그립니다

국화 향을 품고
우아한 미소가 고우셨던 사람
가을이 오면 다시 피어나
그날의 모습으로 내게 옵니다
오 그윽한 그대여

문신(文身)

바르셀로나
어느 카페
일하는 여대생 팔에
여인의 얼굴 문신이 보인다

자기 어머니란다
보고 싶을 때
언제나
볼 수 있어 좋단다

팔을 감싸고 있는
초상(肖像)이 딸을 보며
환하게 웃는다

먼 산에 모셔놓고
자주 찾지 못하는
불효, 가슴 저민다

낙숫물 소리

장마 속 떠난 여행
그리던 한옥에
여장을 풀고 한숨 돌리는 순간

우당탕타앙

머리가 휑하도록 내리쏟는 소낙비

주르륵
주르륵

찌든 마음을 씻어 내리듯
처마 끝 타고 흐르는 낙숫물 소리
툇마루에 걸터앉아 귀를 열었다

엄마 품처럼
편안하고 정겨운 소리
저 멀리 사라져 간 고향 소리

나팔꽃

길섶
피어있는 분홍 나팔꽃

잡초 속에 발돋움
예쁜 얼굴 보라 하네

하마터면
곱고 귀한 그대를
지나칠 뻔했구려

발길 멈추니
비로소 보이는 것을

임종은

짧은 인연 외 9편

흩어지는 시간의 잔해 속에
지워지지 않는 흔적들

가뭇없는 인연의 아쉬움을
다시 떠올리게 하는 들녘

맑은 바람 속에 설레임으로 머물다
아련함만 남겼을 뿐인데

잊혀진 만큼 지워진 세월의 숨결이
햇살 가득한 푸른 산자락에
아직도 낯익은 그리움으로 남아

미처 끝내지 못한 말들의 여백을
홀로 메꾸고 있다

외로움만 지키며

아쉬움에 목말라 하면서도
길게 멀어진 그림자
떠나보낼 때
차마 손을 흔들지 못하는 것은
오랜 기다림이 두려워서일까?

밤이면 어슴푸레 가로등 그늘 아래
발자국 소리마다 청각을 세우는 것은
가파른 언덕, 헐떡이며 달려와
와락, 그리움을 안길 것 같은 때문일까?

산등선 스쳐온 한랭한 바람은
날 선 파열음 토하며 전선에 휘감겨
겹겹이 시간을 포개고 있는데

밤새 어둠에 젖은 검은 몸뚱이는
아직도 깊은 한을 삭이지 못하고
빈 하늘 아래
외로움만 지키고 있다

잊혀진 이별

몇 봄을 보내고
발견한 지도 속엔
숱한 애벌레 짓이겨 그려낸
해독 불가한 문자 가득했다

행간(行間)을 벌려
돋보기로 만져진 글씨마다
치루탄 용액 지글거리고

차창에 기대어 입력했을
가로수 우듬지엔
매달린 동공이 아직도
초록 눈물 머금고 있지만

눈에 밟혀 묻어둔 기억들은
하나둘 일기장 밖으로 걸어 나와
곧 길을 잃고 만다

식어버린 시간 속에
열사의 모래더미에
묻힌 유물처럼
한 가닥씩 더 깊은 곳으로
침전하는 기억들

달리아 연정

함초롬히 이슬 머금은 듯
수줍은 미소 매혹적인 봉오리
우아하게 흘려보내는 눈웃음마다
다가온 가슴 벅찬 희열

시원한 호숫가 푸르른 그늘
사과처럼 풋풋한 순수의 열정 쪼개며
물 위에 부서지는 초롱초롱한 햇살의
눈부심에 취했던 시간들

자작나무 껍질마다 숨겨진
그때 그 비밀스런 대화의 숨결이
아직도 낯익은 향기로 맴돌고 있는데

가뭇없는 긴 강을 건너
눈먼 유혹의 성곽에 묻힌 달리아는
광야를 스쳐 맴돌던 청정한 울림을 듣지 못했을까?

이젠, 흩어지는 아쉬운 기억의 조각들이
낡은 시간의 닻줄 감으며
멀리서 밀려오는 산 그림자에 실려
한 가닥 남은 그리움마저 떠나가고 있다

한여름의 행진

저 맞은편 함석지붕 위로
찬연히 빛나 부서지던 햇살은
잿빛 도로 위에 산산이 흩어지고

무기력한 의식은 낯선 사하라 사막의
오아시스 변두리 서성거리며
무료한 기다림에 권태를 되씹고 있다

아득한 곳으로부터
증폭되어 밀려오는 긴 차량의 굉음에
긴장한 도시의 심장은 더욱 가열되고
게으른 하루가 천천히 익어가고 있다

또 맹렬히 이글거리며
대지와 가까워지려는 태양은
시간의 그림자 살금살금 밟으며
노출의 장막을 하나씩 걷어내고

선글라스 가득 농익은 여름을 담아
한여름을 행진하고 있다

북극곰의 비애

어린 새끼 이끌고
뚜벅뚜벅 걷는 다리가 무겁다
눈과 얼음에 묻힌 광대한 대자연 속에서
그 어미, 그 조상 대대로 살아온

수억 년 동안 한 번도 녹지 않았던
얼음 평원이 나날이 줄어들고
멀리 아득한 만년설마저
검은 바위산으로 변모해가고

여름엔 해가 지지 않고
겨울엔 해가 뜨지 않는 북극은
하루하루 찬 눈물을 흘리며
벼랑 끝에서 신음하고 있다

사라져가는 삶의 터전
빠른 속도로 녹아 없어지는
빙하를 바라보며 불안에 떨면서도

체념에 익숙해진 북극곰은
작은 유빙 위에서 새끼의 흰털을 핥으며
거친 입김 연신 뱉어내고 있다

바다 이야기

솟구쳐 바위에 부딪히는
결마다 멍든 조각은
때론 잔잔한 미소로
때론 야수의 울부짖음으로

끊임없이 출렁이며 지켜온
치열한 생존의 흔적
불멸한 태양의 보살핌으로
무수한 생명 잉태하고

슬픈 전설의 실타래를
무지갯빛으로 토해내기도 하며
모래언덕 드넓은 품속에
무시로 포근히 잠기곤 한다

심해의 은밀한 언어 오가며
태고의 무거운 침묵 벗겨질 때에

가끔 무거운 한숨 소리
짭조름한 해조류 사이에 흘러나와도
무심한 물고기 꼬리질은
한가롭기만 하다

조경석(造景石)

뜨거운 용암 치솟아
지층을 뚫고 올라
한동안 차디찬 바다 덮이며
뭇 생명의 생멸(生滅) 지켜보았고

짭조름에 잠겨, 온갖 해조류와 살 섞이며
억겁 시간 속에 무늬 쌓아왔는데
다시 지각 변동을 만나게 되었다

충만한 물줄기 다 흩어지고
우뚝한 해변에 자태 나타내니
허구한 날 비바람 눈보라에 몸 씻기며
뜨거운 태양 아래 떠나보낸 인고의 시간들

심산유곡 스쳐온 시원한 바람 속에
풀잎이 감아올리는 푸른 숨결과
햇살 수북이 쌓인 체온 비비며
아늑한 공간에 겨우 뿌리 내리나 했더니

또다시 세월의 흔적을 쫓는 인간의 탐욕에 소환되어
문명의 어지러운 불빛 속에 엎드려
검푸른 어둠의 적막을 그리워하고 있다

탄천의 아침 풍경

탄천의 아침은
뽀얀 물안개와 함께 시작한다
산허리 씻어 내린 물줄기
바위에 부딪히는 우렁찬 함성으로
심산계곡의 시원(始原) 전하며
파아란 숨결 토하고

산 그림자 헤쳐 나온 물오리 한 쌍
물줄기 거스르며 헤엄치고 있다
모두가 하산하느라 분주한데
그들만의 한가한 역류

그 옛날 산기슭 맑은 물에서
고단한 초동(樵童)들 발 담그고
짜릿하게 즐겼을 그 시원함
변함없는 물줄기는 다투어 흐르는데

유모차에서 내린 세 살배기
햇살 수북이 쌓인 냇가에 앉아
떼 지어 노는 잉어 손짓하며
환호하는 모습 평화롭다

체념의 눈빛

오일장
축산시장에 가면
철망에 기댄 황구와 백구 무리의
처연한 눈빛을 보게 된다

한땐 총명함으로 인기도 있었고
듬직한 지킴이로 사랑도 받았지만
이제 그들은
낯선 두려움으로 다가오는
단절의 순간을 가늠하고 있다

무릎까지 빠지는 눈밭에서
찬바람 맞으며 껑충대던
어린 시절이며
바닷가 낚시터에서
라면 몇 가닥으로 허기를 채웠던 기억

무수한 기억과
따스한 체온으로 교감하던 시간을
잊으려 몸부림치며 치를 떨지만
철망에 갇혀 너덜거리는
허탈 속에서
지난 일상의 흔적들을 쉽게
지우지 못하고 있다

축산시장에 가면
애처로운 눈빛을 보게 된다
불안 속에 한없이 추락해 가는
체념의 눈빛을

임만규

거울 외 9편

왜 이리 부끄럽지
마주 서 바라보면

조금은 당황하지
속마음 들켰을까

서둘러
거짓을 지우고
세상으로 나가란다.

세미원(洗美苑)

물을 보며 씻어내라 이르니 관수세심(觀水洗心)
꽃을 보며 예뻐져라 이르니 관화미심(觀花美心)
양수리 세미원에서
연꽃이 잎을 연다

백련의 다정스런 자태는 누님이요
홍련의 부끄러운 자태는 신부인데
수련은 예뻐도 연민이라
내 딸들 닮았구나

두물머리 건너가는 배다리 강물 위로
노을이 홍련처럼 설레며 피어나니
초로(初老)가 걸음 멈춰서
긴 세월을 건진다.

수종사(水鐘寺)에서

남한강 유순하게 들을 지나 흘러오고
북한강 도도하게 산을 돌아 다다르니
이제는 하나가 되자
팔 벌리는 운길산

물색이 짙어지니 사색도 깊어가고
온 길은 아련해도 모두 다 인연이라
만남은 얼마나 좋은가
두물머리 저 포옹

동방의 제일 풍광 발아래 두고 앉아
삼정헌(三鼎軒)* 차 한 잔에 속세가 멀어질 때
물소리 종을 울리니
마음조차 씻는가.

* 삼정헌(三鼎軒): 경기도 남양주시 조안면 송촌리 수종사에 위치

사막에서

참으로 멀리 왔다 그래도 가야한다
눈앞이 황량하니 나도 곧 사막 되나
세상은 열려있어도
길 찾기는 어렵다

욕망은 신기루라 꿈처럼 뒤척이고
먼 길을 걸어가면 추억도 짐이 되나
가슴이 너무 기름져
발걸음이 무겁다

여기서 실종되면 인생은 끝이 난다
마음을 열어야지 모래에 갇히려나
버리고 모두 버리고
가족 찾아 걷는다.

진주

표정은 초연해도
가슴은 바다 심연

달래며 쓰다듬은
천형(天刑)의 세월이여

슬퍼서 아름다운가
은빛 푸른
사랑아

아름다운 길

소박하게 산다는 게 얼마나 어려운지
손잡고 걷고 걸어 반세기 지나온 길
노을에
걸터앉아서
바라보는 시간들

사랑과 기쁜 일은 가슴에 쌓아놓고
눈물과 아픔들은 물에다 흘려가며
우리는
마주 보지 않고
같은 길을 걸었네.

솔 숲길을 거닐며

모이고 흩어지는 흥망은 몇 번인가
산하를 굽어보는 치악(雉岳)은 알고 있나
송림은 하늘 향하고
흰 구름만 흘러간다

비석*이 눈을 뜨고 나그네 붙잡으며
청산에 드리워진 사랑가 불러주나
외로움 홀로 익어도
그리움은 푸르다고

바람에 귀를 씻고 가슴을 비질하며
옛 시간 간구하는 절개 푸른 임이시여
홀연히 숨으셨지만
향기조차 숨길 손가

* 비석: 강원도 원주 치악산 자락에 있는 원천석의 묘비

강가에서

흐르는 강물만이 오로지 현재일 뿐
어제와 내일이란 모두 다 그림자니
눈을 떠 바라보아라
시간이란 없는 것

청춘의 사랑노래 중년의 고뇌투쟁
노년의 고독조차 한줄기 물길이라
쉼 없이 흘러 흘러서
자신에게 이르는

세상사 온갖 번뇌 윤회의 수레조차
순간에 정지시킨 각성자(覺醒者) 애달프다
그 지혜 전할 길 없어
가는 길만 이를 뿐

공중도시, 마추픽추*

셔틀이 곡예하며 쉼 없이 올라가니
구름은 내려오며 애달파 멈칫댄다
잠시만 기다려주오
가쁜 숨을 몰아쉬며

절벽에 매달린 길 비탈엔 다락 밭이
초인이 돌을 들어 공중에 집을 짓고
야크아* 태양신을 섬기니
아, 순정은 별이 되고

퓨마는 포효하고 콘도르 호위하니
풍상이 거듭해도 언제나 제자리라
오늘도 도시의 자색(姿色)
하늘가에 푸르다

---

* 마추픽추: 기원전 1000년경 안데스 지방의 고대 문명을 이어받은 잉카족 산물
* 야크아: 전설에 따르면 태양신의 처녀들로 전국에서 선발되어 한 번 들어오면 평생을 이곳에서 농사를 지으며 태양신을 모셔야만 했음.

다뉴브 강의 진주, 부다페스트 야경*

테레제 사랑하던 베토벤 소나타도
성당에 헌정하던 하이든 칸타타도
영혼은 다뉴브에 남아
열정으로 꽃이 되고

어둠이 내리는 강 잔물결 속살이고
왈츠도 애무하며 여름 밤 흘러가니
다리의 형형색색 불빛
유혹처럼 감미롭다

부다 왕궁 밤이 되면 고혹하게 갈아입고
페스트 의사당은 금빛으로 현현(玄玄)해라
나그네 이국 하늘에
가족 얼굴 그린다.

---

* 다뉴브 강: 독일 바덴에서 시작해 오스트리아와 헝가리 대평원을 지나 부다페 스트에 이르는 유럽에서 두 번째로 긴 강

임춘식

꽃과 바람 외 9편

꽃과 바람은
저들끼리
입 맞추지 않더라

한 줌의 바람이
스친 자리
살짝 이는 향기

꽃밭을 맴돌며
느슨해진 바람

기쁨은 소중한
기다림으로 돌아나고

늘 가까이서
서성이는 바람으로

눈앞에 스러지는
피고 지는 꽃으로

움켜쥐고 있는 것은
씨앗이고
나누는 것은
향기로운 꽃이더라

저 산 너머로
날 짊어지고 가는
꽃바람이여

꽃도 지고
바람도 가면
삶이란 눈물의
깊이 만큼만 보이더라.

백목련

순결하게
피어난 꽃잎은
혼탁함에
물들이지 않는 순정

해 솟으면
꽃잎 벙긋거려
봉오리에
순결 나부껴

바람이 맴돌면
달빛 향기는
별이 되어
현란하게 피어나
나를
어디로 끌어가는가

그 순결함은

한얼 정신으로

어울려

강강수월래

마을 되는

태평천하(太平天下)

청개구리

백련지
꽃밭

싱그러운
망석
잎사귀

청개구리
한 마리

눈알
뒤룩뒤룩
굴리며

천연덕스럽게
날 오라
부르네.

가을바람에

가을바람에
꽃잎 떨어져
바람인가 했더니
세월이더라

차창 바람 서늘해
가을인가 했더니
그리움이더라

그리움 이 녀석
와락 안았더니
눈물이더라

세월 안고
그리움의 눈물
흘렸더니
참으로 빛났던
사랑이더라.

후회

그대로 내가 할 수 있는 만큼 그리다
누구의 눈물로 돌아왔을까

오늘 아는 것을
어제만 알았더라면

더 참을걸
더 베풀걸
더 즐길걸

이제 남은 것은 그리움뿐

생의 일막에서
이막으로 떠나는
진정한 나그네여
그 무엇을 탓하지 말라
삶이란 그런 거란다

세월이여 냉큼 고장나 버려라.

나에게

나 자신에게 정직하지 못했고
내가 살고 싶은 삶을 사는 대신
내 주위 사람들이 원하는
그들에게 보이기 위한 삶을 살았다

그렇게 열심히 일할 필요가 없었다.
대신 사랑하는 사람과
시간을 더 많이 보냈어야 했다
어느 날 돌아보니
애들은 이미 다 커 버렸고
배우자와의 관계조차 서먹해졌다

내 감정을 주위에
솔직하게 표현하며 살지 못했다
내 속을 터놓을 용기가 없어서
순간순간의 감정을 꾹꾹 누르며
살다 병이 되기까지 했다

행복은 결국 내 선택이었다
훨씬 더 행복한 삶을 살 수 있었는데
겁이 나서 변화를 선택하지 못했고
튀면 안 된다고 생각해 남들과
똑같은 일상을 반복했다.

당신 생각

사는 게 뭔지
곰곰이 생각해 보니

당신은
사랑스럽고
아름다우며
매력적이고

애교 있으며
우아하고
멋있으며

대단하고
함께 있으면
행복했었는데

여보
미안해
사랑해
용서해

동반자

향기가 있는 사람은
세월이 지나도
그리움으로 남더라

탐욕도 벗어 놓고
성냄도 벗어 놓고
바람같이
물같이 살다 보니

인생은 연장전 없이
하루하루가 처음이고
또 끝이 되더라

늙어 가는 길은
처음 가는 길
멋있는 사람은
늙지도 않더라

꿈이 있는 한
나이도 없더라
추억 속에 잠자듯이
소식 없는 당신이 그리워지면
나의 기도 속에
희망과 꿈
사랑과 행복이 차면
당신 이름이 들어 있더라

영원하지 않기에
아름다운 오늘
다시 오지 않기에
소중한 지금

당신의 손을 잡을 수 있어
얼마나 귀하고
아름다운 여생이 아닌가

삶이란

영원히 살 것처럼 꿈꾸고
오늘 죽을 것처럼
살아라

내 기억 속의
사람은 어제의 추억에
그쳐도
당신은 기억되지 않는다

삶이란
작은 이야기들이
연속되는 기나긴 여정

삶이란
끊임없이 몰아치는 걸
아름다운 눈으로
바라보는 것
우리는 나이 먹은 만큼
그리움이 그대로 쌓이고

정은 외로울 때
그립고
고마움은 어려울 때
느끼는 것

멋진 사람은
진정 영원해
모든 이
그대로
그냥 놓고
가라 하네

바람처럼 홀연히
돌아가라 하네.

나무에게

아침 고운 햇살로 빚은
지혜와 슬기로운 나무여

가슴 밑으로
쏟아져 내린 생명의 소리

고된 세월의 가지로 뻗어나
소망의 힘으로 솟구치는 푸르름

빛나는 기상
찬란한 풍요로움이
폭죽으로 터지는 소리

아, 이 영광
우리의 영혼을 불태울
온갖 기림이 하늘 위로
펄럭이는 축복의 나무여

기쁨이 바람처럼
산이 되어 울고 있고
산이 사람 되어 서 있다

사람은 새가 되어 날아가고
새는 바람 되어 죽어 있다.

임길택

똥 누고 가는 새 외 9편

물들어가는 앞산바라기 하며
마루에 앉아 있노라니
날아가던 새 한 마리
마당에 똥을 싸며 지나갔다

무슨 그리 급한 일이 있나
처음엔 웃고 말았는데
허허 웃고만 말았는데

여기저기 구르는 돌들 주워 쌓아
울타리 된 곳을
이제껏 당신 마당이라 여겼던만
오늘에야 다시 보니
산언덕 한 모퉁이에 지나지 않았다

떠나가는 곳 미처 물을 틈도 없이
지나가는 자리마저 지워버리고 가버린 새
금 그을 줄 모르고 사는
그 새

흔들리는 마음

공부를 않고
놀기만 한다고
아버지한테 매를 맞았다

잠을 자려는데
아버지가 슬그머니
문을 열고 들어왔다

자는 척
눈을 감고 있으니
아버지가
내 눈물을 닦아 주었다

미워서
말도 안 할려고 했는데
맘이 자꾸만 흔들렸다.

* 제6차 교육과정 초등학교 3학년 『국어 교과서』에 수록되었음.

완행버스

아버지가 손을 들어도
내가 손을 들어도
가던 길 스르르 멈추어 선다

언덕길 힘들게 오르다가도
손드는 우리를 보고는
그냥 지나치질 않는다

우리 마을 지붕들처럼
흙먼지 뒤집어쓰고 다니지마는
이다음에 나도
그런 완행버스 같은 사람이
되고만 싶다

길가의 힘든 이들 모두 태우고
언덕길 함께
오르고만 싶다.

* 제7차 교육과정(2002~2008) 4-1 『읽기 교과서』에 수록되었음.

엄마 무릎

귀이개를 가지고 엄마한테 가면
엄마는 귀찮다 하면서도
햇볕 잘 드는 쪽을 가려 앉아
무릎에 나를 뉘여 줍니다.
그리고선 내 귓바퀴를 잡아 늘이며
갈그락 갈그락 귓밥을 파냅니다

아이고, 니가 이러니까 말을 안 듣지
엄마는 들어 낸 귓밥을
내 눈 앞에 내보입니다
그리고는
뜯어 놓은 휴지 조각에 귓밥을 털어 놓고
다시 귓속을 간질입니다

고개를 돌려 누울 때에
나는 다시 엄마 무릎내를 맡습니다
스르르 잠결에 빠져듭니다.

* 제7차 교육과정(2002~2008) 4-2 『읽기 교과서』에 수록되었음.

비 오는 날

마루 끝에 서서
한 손 기둥을 잡고
떨어지는 처마물에
손을 내밀었다

한 방울 두 방울
처마물이 떨어질 때마다
톡 탁 톡 탁
손바닥에서 퍼져 나갔다

물방울들 무게
온몸으로 전해졌다

손바닥 안이
간지러웠다.

* 제7차 교육과정(2002~2008) 6-1 『읽기 교과서』에 수록되었음.

냉이차

앞산 마주하고
혼자 마셔도 좋고

손님 찾아와
둘이 마시면 더욱 좋고

파르스름한 연둣빛
찻잔에 번지는

이른 봄
스님마을 냉이차

겨울 밤

이부자리 펴놓은 곳만
따뜻하게 불지펴

그 속에 발 묻고서
책을 봅니다.

책을 읽다 눈 시려
고개를 들면

바람소리
방 밖에 가득합니다.

달맞이꽃

눈길로만 가꾸어 온
달맞이꽃 앞에 서서
가만히 귀를 기울입니다

어둠에 기대어
어둠에 기대어

꽃망울들 펑펑 터뜨려지는 소리
들려옵니다.
온몸 꽃내에 묻혀듭니다

물푸레나무 잎 흔들림 가라앉고
어둠이 스님 모습 지워갑니다.
스님 또한 어둠을 지워갑니다.

고마움

이따금 집 떠나
밥 사먹을 때

밥상 앞에 두곤
주인 다시 쳐다봐요

날 위해
이처럼 차려 주시나

고마운 마음에
남김없이 먹고서

빈 그릇들 가득
마음 담아 두어요.

양말

색이 다 바래기도 전에
먼저 닳고 말아
흰 실로 누덕누덕 뒤꿈치 기운
양말 한 켤레

장독 옆 잔디 위에서도
서로의 짝이 되어
소롯이 봄 햇살 쬐고 있는
짝짝이 스님 양말 한 켤레

임동규

창랑정(滄浪亭) 외 9편

금강(錦江)*의 비경(秘境) 중에 어드메가 승지(勝地)던가
창랑정 높은 누각 시공(時空)에 자취 없어
가슴속 숭모(崇慕)의 정을 옛 정지(亭址)에 심었네

도도히 흐른 강물 만세(萬世)를 유구해도
죽오당(竹梧堂) 옛 정취를 전할 수 없음이여
벽오동(碧梧桐) 깃들던 임은 선경(仙境)에 드셨는가

창랑정(滄浪亭) 죽오당(竹梧堂) 터 그윽한 정기 서려
고고한 조선(祖先)에 얼 옛터에 이어지니
창랑(滄浪)은 천대(千代)를 흘러 만경대해(萬頃大海) 이루리.

* 錦江: 영산강의 옛 이름

백범회고(白凡回顧)

호남성 악록산에 망국의 한이 서려
빼앗긴 나라 설움 흘린 눈물 상강(湘江)인가
고국 땅 그리워하던 임의 모습 선하구나

조국을 찾겠노라 떠돈 세월 몇 해던가
산천은 반기는데 영웅은 말이 없고
지금도 임 자취 남아 옷깃 절로 여미네.

춘사(春思)

벌 나비 흐드러진 날갯짓 꿈을 찾는가
봄볕, 초록빛 수를 놓고

엽돈재* 마루턱 산새 집 짓는 길목
청아한 산들바람 향기롭다

이맘때 내 고향 청다리 언덕
아지랑이 모락모락 피어오르면

황톳빛 붉게 물든
행주치마 펼쳐놓고

산나물 곱게 다듬어
봄 내음 버무리던
어머니 손맛 그립다

지금쯤 봄소식 전하려
종다리 높이 날아 지저귈 테고

남풍 불어 비탈진 보리밭
파아란 파도 넘실넘실 일렁이겠지

* 엽돈재, 청다리

달빛에 그리는 영상

풀피리 불고 콩 서리하던
산 다랑이 논두렁 밭두렁은
내 유년(幼年)이 꿈꾸던 둥지였다

언젠가 떠났던 제비마저
돌아오지 않는 잊혀진 들녘

이제는 동심(童心)의 추억조차
더듬어 찾아야 하는
낯설어진 산하(山河)가 야속하고 서럽다

수구초심(首丘初心) 긴 세월
그리워 애달팠던 영상(映像)들은
하나둘 망각의 늪 속으로 잠들고

가을 달빛 하얗게 내린
그립던 고향 집 옛터에

노란 들국화 홀로 피어
외로이 밤이슬에 젖는다.

추상(秋想)

산머루
까맣게 물들어가던
황금빛 계절

수줍던 소년의 어설픈 풋사랑은
설익어 여물지 못한 채
빈 껍질만 남기고 떨어져 갔다

이 가을에도
소꿉장난 같았던
아련한 추억을 찾아

코스모스 흐드러져 핀
꿈길을 거닌다

그리울지언정
결코 슬프지 않은
아름다웠던 첫사랑의 꿈길을

노정(路程)

산 넘고 물 건너고
앞만 보며 달려온 길

뒤돌아볼라 치니
홀연히 산마룰세

아직도
뫼는 푸른데
가을이 재를 넘네.

꿈길

여름밤 꿈속에서
어머니와 지새려니

풀잎에 이슬 내려
눈시울 젖어 들고

귓전엔
잠 못 이루는
쓰르라미 울음소리

초하(初夏)

라일락 그윽한 향
흐드러진 산마루에

꾀꼬리 노랫소리
청아한 오솔길을
솔바람
살랑거리며
흥에 겨워 넘는다.

박연폭포

하늘에서 흘러내린
은하수 물보라가
천 길을 쏟아져 내려
천하의 비경인데
절경에 글 새긴 흠집
청옥(靑玉)의 티로구나.

봉선화

호랑나비 너울대던
장독대 꽃밭에서
손끝에 곱다랗게
봉선화 물들이고
분홍색 아기자기한 꿈
키우던 어린 시절
그리워 눈감으면
아른아른 떠오르네

볼그스레 봉선화 빛
홍조 띤 누나 얼굴
잔주름 새겨 놓은 채
야속하게 흐른 세월
손잡고 뛰어놀던
고향 집 뒤뜰에는
지금도 봉선화 꽃
흐드러져 피었을까
언제나 돌아가려나
그리움 사무친 곳

임찬일

겨울 설악에 와서 외 9편

보아라! 저것이 동양의 솜씨려니
여백을 실컷 살려 흰 눈발을 그리거니
과감한 생략법으로 하늘도 처리하고

틀을 짜고 나면 더 많이 놓치는 법
한사코 안에서만 지우고 그리는 선
더 크고 훌륭한 것은 바깥쪽의 풍경인걸

바위는 사내처럼 굵은 뼈로 울고 있다
밑그림 다시 고쳐 덧칠도 벗겨내고
안으로 삼키는 눈물 깎을수록 뜨거운 몸

* 1992년 동아일보 신춘문예 시조 당선작

알고 말고, 네 얼굴

옛 친구한테서 전화가 걸려 왔다
함께 다녔던 국민학교를 들추어내고
그때 가까이서 어울렸던 친구의 이름도 떠올리고
그제서야 자기가 아무개라며
나에게 묻는다
기억이 나느냐고

이것저것 지난 세월에 묻은 흔적을 증거 삼아
비로소 서로를 확인하는 이 낯선 절차
그래, 물 같은 세월 흘렀으나 거기에
비추듯 남아 있는 우리들의 코 묻은 얼굴과 남루했던 시절
흑백사진처럼, 아니 아니 눌눌하게 빛바랜
창호지처럼 다소 낡은 모습으로 떠오르는
그 무렵의 일을 이제는 옛날이라고 싸잡아
네 이름처럼 불러야 되는구나

친구야, 오랜만이다 애들이 몇이고?
그래, 나랑 똑같구나 딸 하나 아들 하나라니!
이 한 통의 전화가 걸려 오기까지
삼십 년이나 걸려야만 했단 말이냐

서로 연락도 하고 언제 한번 만나자며
전화를 끊었지만 우리들의 기약은 다시 아득해지고
무슨 꿈결처럼 잊혀져서 나는 또
가물가물한 너의 얼굴을 영영 놓쳐 버릴지도 모른다

남은 것이라곤 적어 놓은 너의 전화번호
연락처를 알았으니 가끔 전화라도 하마
만나자, 만나자, 하다 보면 그 말이 씨가 되어
이 세상 어느 한구석을 차지하고서
끊어진 것들 가슴 속 이야기로 이을 날이 있겠지.

* 1996년 세계일보 신춘문예 당선시

해바라기

얼굴만 좀 볼 수 있다면
목이 빠지는 한이 있더라도
이렇게 서 있겠다 여름날 내내
그대 창가에 내 키를 올리다가
날이 저무는 시간
나는 못내 고개를 떨구지만
환한 불이 들어온 그대 방 높이로
다시 내 마음을 밀어올릴 수 있는 건
오직 그것만이
그대에게로 가는 길이기 때문이다
얼굴에서 그리움이 익어 익어
씨를 남기는 이 사랑
오직 발돋움 치는 것만이
그대에게로 가는 방법이기 때문이다.

전철역의 뒷모습

안전선 밖으로 한 걸음도 물러서지 않는
참새의 몰골을 흉볼 수 없던 아침
서울로 갈 수 있는 표를 한 장씩 끊어 쥐고

사람들은 그전같이 줄도 서지 않는다
서로의 발밑에서 짜증이 되살아나고
무거운 동물의 눈치만 자동문을 닫고 있다

어제 찍은 오늘 아침 신문들이 시끄럽다
알만한 사람들이 서로 밟고 서로 밀고
구겨진 한국의 심문처럼 늙은 전철이 들어온다

견딜 수 없다는 듯 도망치는 참새의 자세
저것도 이 시대의 불안한 훈련이다
사소한 풍경 너머로 추락하는 어떤 희망

새로 분양하는 이름 좋은 아파트들
조잡한 안내장에 꿈 평수는 빠져 있고
참새만 참으로 당당하게 수동적인 겨울 아침

전라도 단풍

살만 섞는다고
내 사람이 된당가
시퍼런 나뭇잎에
뻘건 물이 들대끼
그냥 죽고 못 살 정도로
화악 정이 들어부러야제
저것 잠 보소
저것 잠 보소
핏빛 울음 타는
전라도 단풍 보란마시
아직 갈 때가 안 되얏는디
벌써 훌훌 저분당께
뭔 일인가 몰라
뭔 일인가 몰라
물어나 봐야 쓰것네
물어나 봐야 쓰것네

잎

네 속에 문득 길이 보이길래
물 되어 흘러 보고 싶었어
이 세상에 생겨 나와
누구에게 그늘 한 번 만들어 주지 못하고
그늘만 밟아 다니며
내 잠을 키운 세월
겨우 네 속의 길을 찾아
졸리운 눈 비비고 일어서는 바람처럼
가끔 모든 목숨은 눈부셨어
그리고 나는 알았어
세상에 한 잎 매달린 것은
서러운 내 몸이었던 거야

안경을 닦으면서

추억이라는 흔적으로 아직도 우는 시간
손등에다 가만가만 눈꺼풀을 문지르듯
세상과 화해하고자 안경알을 닦는다

눈물에 가린 듯이 빽빽한 세상 풍경
마음 귀퉁이에 생각도 닦아 보고
행여나 손자국 남을까 투명하게 떠는 염려

돌아보면 배경은 죄 아름답게 정해져 있다
뒷 그림이 받쳐주는 돋보이는 삶의 앞면
그 모습 다 살리고 싶어 입김으로 닦는 정성

먼 것은 멀리 봐야 눈앞인 듯 선명하다
느낌으로 나를 열어야 사랑도 보이는 법
당기고 때로는 밀어야 초점 안에 들어오지

세상도 제 눈에 안경같이 맞춰서 보고 싶다
언제나 흐린 바깥 그것마저 닦고 싶다
시간도 함께 늙으면 그때 가서 벗을 인생

겨울밤

등잔불 가운데 놓고
어머니는 바느질하고
배 깔고 엎드려서
어린 나는 책을 읽고
그을음 꼬리를 물며
깊어가는 겨울밤

동네 개 짖는 소리
눈발 속에 아련하고
풀 먹인 옥양목을
콩당콩당 두드리는
어머니 방망이 장단에
다듬잇살 살아나고

뒷산의 소나무 가지
눈에 눌려 부러지고
뒤란 대나무밭은
눈에 묻혀 휘어지고
책갈피 꿈을 묻은 채
내 얼굴도 잠이 들고

그믐달

어둠도 단풍 드는 저 산속 나뭇가지
혼자서 뼈를 깎는 이상한 아픔 하나
하늘의 생채기처럼 예리하게 박힌 손톱

외로움도 절정이다 한 조각 남은 마음
살을 빼고 건너가는 이승의 푸른 바다
스스로 몸을 지워서 빚어 놓은 사리 한 알

너를 붙들고 앉아 내 삶의 무게를 잰다
품어도 허전한 사랑 서서히 기운 목숨
하늘을 내주고라도 맞바꿀 수 있다면

사사로운 생각일랑 그만 접어 두겠다
새벽 하늘 문고리 같은 너를 잡아당긴 순간
빛으로 열리는 세상, 눈빛만 남은 흔적

첫사랑의 뒷모습

비슥히 때리거나 물집으로 잡혀드는
뽀얀 차창 저 바깥면의 즐거운 빗방울을
이제는 이해하자고 타이르듯 말한다

무엇을 가리키던 손가락 한 개 뽑아
습기 찬 마음에다 글씨를 쓰고 싶다
세상에 고치지 못할 병 하나를 얻었을까

바람의 혼을 맞아 기쁘게 우는 사연
자꾸만 보태어도 늘지 않는 삶의 연습
나 하나 쓰러뜨리던 부드러운 상처여

누가 또 내 이름을 숨어서 부르는가
위태로운 몸짓으로 떠오르는 슬픈 예감
더운 피 아프게 흘러 차라리 눈을 감고

새로 살이 돋는 이 놀라운 안심 속에
저 혼자 줄을 매고 빈 그네로 흔들리는
그래도 지우지 못한 서투른 글씨 한 줄

임수홍

인생 · 5 외 9편

꿈을 꾸던 소년
끈끈이주걱처럼 온몸 탈바꿈해
삶의 절벽 기어오른다

아슬아슬한 삶
절벽에서 바람 맞으며
버거워 벗어던진
이루지 못한 것들의 아쉬움

그래도 아직
뿌리가 남아 있어
오늘도 험준한 암벽을 타는
저 불굴의 크라이머

인생 · 12

저녁 9시 길동 시장 구석진 곳
빨간 다라에
세월의 때가 잔뜩 낀
할머니의 한숨이 헉헉거리며
마지막 주인을 기다리고 있다

고등학교 시절
친구들과 빵집에 들어설 때
사거리 시장 중간쯤
일렬 횡대로 부추 단을 세운
울 엄니를 볼 때마다
내 가방의 무게는 천근만근이었다

이제 가벼워진 어머니의 삶도
내 삶도 수레에 싣고

잠들다 깨어난 가로등 밑에
이순(耳順)을 바라보는 중년의 그림자가
발걸음을 재촉한다.

인생 · 22

고향 입구엔
300년 묵은 당산나무가
어머니의 품처럼
늘 아이들을 반겨주었다

까까머리 아이들은
책가방을 허리에 둘러메고
부둥켜안고 올라가다 떨어지면서
어린 시절 꿈을 켠켠히 쌓아나갔다

원자력발전소가 들어서자
조용히 흐르던 시냇가는 도로로 변하고
논두렁 밭두렁엔 아파트가 똬리를 틀기 시작하였다

점령군이 되어버린
지독한 돈 냄새
마을 곳곳을 맘껏 유린하였다

폭풍우가 몰아치던 날
아이들의 꿈이 온몸에 새겨진
당산나무는
목재소에서 밤새 통곡을 하고 있었다

고향이 순식간에 사라졌다.

인생 · 38

새벽 네 시 찍 찌지지
팩스 한 장이 너울너울 춤을 추며
사무실을 깨운다

밤새 기다리던 초췌한 얼굴들
비행접시 타고 날아온
요르단의 귀한 손님 보고
두 팔 벌려 만세를 부른다

담배 연기 자욱한 사무실
희망의 눈동자들이
고달픈 삶의 흔적을 지우기 시작한다

불통 나는 전화기
주눅 든 목소리에 활기 넘치고
공장으로 출발하는 선발대

흙 범벅이 점순 아지매
아들 학비 걱정 없다며
1,000도 가마에 희망의 도자기를 쌓는다.

인생 · 55

눈을 뜨니

그녀는
아침 햇살에 사그라지는
아지랑이처럼
사라져 버렸다

발자국도 없이

인생 · 56

각인된 기억의 잔상들

고장 난 심장

소주 한잔에 포장마차에서 느껴보는 꿈틀거리는
어머니 향기

기억이 스치고 지나간 자리엔 아픈 추억뿐이다

결국 택시를 타고 양주 가족묘에 잠들어 있는
어머니를 깨우러 갔다

솜털이 일어나며 춤을 추기 시작한다.

인생 · 62

길동은 늘 부산스럽다

온종일 집안에서 뒹굴던 책들이
희미한 불빛의 유혹을 견디지 못하고
삶의 절벽을 한발씩 올라간다

네온사인에 핀 차가운 이성
불어오는 향기에 혼쭐을 내려놓는 밤

이제 내려갈 수 없는 절벽
모래알 같이 벗어던진 이파리 하나하나에
담긴 생각을 다듬느라 여념이 없다

오후쯤, 시침이 졸린 눈을 비비며 깨어나면
초라한 담장에는
내 키만큼이나 자란 담쟁이넝쿨이
젊음을 저당 잡힌 채
나신(裸身)이 되어 간신히 벽에 기대어 있다.

인생 · 66

젊은 시절 배우지 못한
자전거 타기

이리 비틀
저리 비틀

마음은 초원을 달려도
몸은 이미 곤두박질

늘그막에 배우고
또 배우려 해도

눈앞에 펼쳐진 아스팔트
자갈처럼 울퉁불퉁

이리 비틀
저리 비틀

흔들리며
아슬아슬 자전거 배우기

가을 하늘

다
잊으려 했는데

더
또렷이 생각나는 그대

낙엽은
봄의 생명을 위해
따뜻한 이불이라도 되지만

가을하늘은
하릴없이
텅 빈 가슴에 어깃장만 놓네.

백파의 오후

양떼구름 한 무리
낮게 몰려가는 수평선 너머엔 누가 살길래
낮밤 가리지 않고 셀 수 없는 물음을 보내올까?
때로는 백파로 부서지는 저 물음들
그 자리에 버티고 선 뭍이 궁금해
울부짖는 그 모습이 더 궁금했다.
무얼 묻고 무슨 말을 들었을까?
그립다 말하면 무너진 초상을 일으키듯 끌어안고
숨죽인 바다처럼 귓속말로 풋정을 풀었을까?
가슴에 불어오는 회오리에 불길을 당겼을까?
마음속에 바다를 품으면 파도가 밀려와 산다는데
기다림이 응어리진 백파의 한나절은
먼바다로부터 엉겨오는 물음들이 하나씩 빠져나가는 탈출이다.
방향이 정해진 탈출로 너머에
날짜변경선을 향해 떠나는 배들
온 누리 누비고 갈 뱃고동이 길을 잡는다.
울렁거리는 선창 바닥에서 가늠 촉을 더듬어 가며
항로의 날줄을 써내려간다.

어디쯤일까?
궁금할수록 적도의 심해가 술렁거리는
그 이유에 갈증이 타들어도
전설을 속삭였을 그 바다는 대답이 없다.
간혹 갈매기 떼 날개 위로
감추어 둔 밀어 몇 마디 마파람에 실어 보낼 뿐
백파의 입술은 오후 햇살에
뜨거운 밀도로 다가서고 있다.

임경렬

신걸산 외 9편

굽이치며 먼 길을 달려온 반도의 산줄기
갈증은 영산강물에 흘려보내고
넉넉한 곳에 자리를 잡아 편안히 앉았다
머무는 구름을 껴안고 솟아오른 봉우리에는
상서로운 기운이 그윽하게 서려 있고
아늑한 터마다 충효전가(忠孝傳家)의
선조들 잠들어 있다
천년 복암사를 품에 안고 있는
골짜기마다 선조의 숨결이 역사처럼 흐르는
신걸산, 나주임씨 세장산
여기 복암사 오르는 길 중턱에 수백 년 누워계시는
우리 선조의 마지막 고려인,
소윤공 할아버지
새벽녘, 솔바람에 실려 오는 목탁 소리
절골 따라 싱그럽게 번져갈 때
잠자고 있는 후손들 깨워서 불러 모은다
아침 햇살처럼 영롱한 기운 일일이 불어넣으며
청고(淸高)하고 근졸(謹拙)하게 살다가 왔느냐
다시 한번 묻는다

목욕

더 가릴 게 없다
세상에 갓 태어난 아기처럼
신분도 직업도 내 것이 아니니
물에 담긴 꽃대궁처럼 벌거숭이일 뿐이다
체온이 데워진 물에 지친 몸을 빠뜨리고

간질간질한 시간의
찰랑거리는 시간의
그림자를 본다

살갗을 뚫고 나온 짙은 물방울
시간의 무게로
스스로 부피를 줄여가며
가느스름하게 흘러내린다

세상이 요란하게 포장한 위선은
어느 때부터인지
훌훌 벗은 사람들의 주위를 떠나가는 중이다

오랜 시간 잊힌 어린아이를 찾아
희미한 물속에 섞여 있을지도 모를
유년을 뒤적거리는 시간인지, 아득하다
일과 후 나의 목욕

강물

용소에서 태어나 산과 들의 품에서 자라
아흔아홉 굽이를 흐르며 서해로 가지요
내 마음의 자갈밭을 넘치며

빨리빨리 가라 하네요
마름자 대고 싹둑싹둑 잘라내며
입 닫고 앞만 보고 가라 하네요

산골에서 태어나 물정도 모르는데
큰 바다로 간다고 하면 되나요
말 없는 저 실개천도 걱정을 하네요

정각암 소나무

수문 포구 스쳐 돌아
정각암에 서면
남쪽 바람 타고 온 바다 내음
연못에 스며들어 섞인다

얼굴을 내민 자색 수련꽃
환한 웃음으로 반기는데
꽃 떨어진 창포는 질시하듯
수련꽃에게 눈 흘긴다

햇살을 받드는 수련꽃
물속에 속내를 감춘다

스님은 중생을 맞아
부처님 말씀을 쏟아내는데
법당 옆, 덩굴 잎으로 몸 가린 소나무
듣는 둥 마는 둥
바다를 바라보며 말없이 서 있다

하얀 집의 아침

구름이 유리창 밖을 빠르게 지나간다
똑똑 떨어지는 물방울 소리가
늦은 아침을 깨운다
먹구름들의 다툼 소리 아련히 멀어져
어젯밤의 소란과는 사뭇 다르다

한없이 넓어진 영산강
밤새 가득 불어난 강물이 몰려와
유약한 벼들을 삼킬 듯 위협하고
간간이 나타나는 빗방울
고장 난 샤워기 물처럼 떨어진다

담장 너머 월남댁 텃밭의 옥수수
밤새 비바람에 시달렸나
젖은 수염조차 버거워 비트적댄다
좌우의 잎사귀로
아슬아슬 균형을 유지하며

남녘 시야의 끝, 낮은 산등성이
지난밤 비바람을 견뎌낸 잣나무
푸르름을 지키며
아무 일 없었다는 듯
하얀 집은 평화롭다 오늘 아침

풍호샘

바위틈에서 서늘하게 솟아난다
마을의 오랜 젖줄, 하늘에 뜬 듯한 샘

새록새록 돌 틈에서
연하게 잎이 돋는 옛 추억 하나

밭일 끝낸 아낙네들
조각난 달빛 희미하게 드리우는
샘가에서
달맞이꽃이 되고
이야기꽃이 된다

하루의 노동이 묽어지고
귀뚜리들 울음소리가
어깻죽지에 얹힌다

갇힌 밤

달빛 창살이 저녁을 가둔다
고장 난 핸드폰이 기억을 가두고
산들바람이 찾아와 하루를 비워가는 밤이다

당산나무 짙은 그림자에 갇혀
옛 추억과 서성이는데
흩뿌려진 별 무리를 거느린 만월이
느긋한 걸음으로
동리를 산보하고 있다

문명은 달빛을 외면한 채 진화를 거듭해가고
달빛자리에는 어느 때부터 자본의 빛들로 채워진다
도시의 네온빛에 늘 갇혀 살아오던 날들
관계들로 얽혀져 있던 핸드폰이 오늘은
창백한 얼굴을 드러내며 누워 있다

다정한 고향의 보름달이
쓸쓸한 마음을 위로하려는 듯 환하게 미소 짓는다

소나기로 쏟아지는 달빛에 취하고 싶은 밤
추억 속의 나를 꺼내
텅 빈 추억의 밤으로 떠나고 있다

회진성

산들바람 불어온다
청보리밭 지나 회진성 가는 길

성곽도 병사도 없는데
늙은 소나무가 다가와
패찰(牌札)을 보자고 한다

허물어진 토성 위에선 제비꽃만 밟히는데
산바람 강바람 사직골에 노닌다
성문도 없는 성안의 역사를 그리며

영웅호걸 품었던 토성길
세월이 흘러 흙먼지만 날리는데
산들대는 낙락장송들 키를 견주고
댓이파리 비벼대는 소리 귀 간질인다

탑골을 돌아 중수봉 오르니
군호 없는 성터는 적막한데
나무 위 산 다람쥐, 성주의 출현 기다린다

색깔의 경제

초록은, 안에서도 밖에서도 속수무책이다
태양의 열기, 여름 하늘을 빤다
빌딩숲 한복판
어디서 날벼락이 내리친다

산발한 머리
무이파는 며칠 전 태어나 겨우 적도를 출발했고
쓰나미는 일본을 망가뜨리고
스스로 휘둥그레진다 눈빛, 눈빛들
푸른 바다에 파라솔을 꽂은 개미군단
황금을 즐기는 큰손들
번지는 초록 앞에 모두 가위눌림 당하고 있다

바다는 긴 육면체
팔월의 검은 기억, 저주를 시작하는 입
더블딥의 공포는 확산되어
미국과 유럽을 국경 없이 넘나들며 휩쓸고
바이올린 줄에 달아 코스피를 나락으로 떨어뜨린다

투명 바다처럼 흔적 없이 보여주는 삼각파도
과녁빼기 같은 전광판이 올려진다
출몰하는 색깔
흩뿌려진 맨드라미꽃처럼 붉게 번지면 쾌재를
널브러진 잡초처럼 초록으로 덮이면 근심을
수백의 기호들이 붉은 꽃잎으로 쏟아내는 날
그날을 초조하게 기다리는데
오늘, 가득히 밀려오는 초록
초록을 베끼는 여름

지워지는 나루터

역사를 지우고 있다
우리가 자발적으로
물길을 펴고 늘이며 뭉개고 있다
대지의 온도는 오르고
마음은 식는다

저 일의 공과를 쉬이 알기는 어려우나
지우고 메우고 없애는 건 돌이킬 수 없는 일이다
굽이치던 영산강, 세월을 가득 담은 포구가 있었다
토성에서 찾아오는 물길이 풍호 언덕을 휘돌아
물과 물이 만나 섞이는 이곳, 시발과 종착의 포구였다
강물은 서해 바다 드나들며 수많은 이야기를 실어 날랐다

통일신라 때 당나라를 오가던 국제 포구였다
고려 때는 개성상인들의 상선 드나들었고
엊그제 1970년대까지 서쪽 어민들의 뱃길이었다
지난 시절에 하구 둑으로 바닷길 막아 수온을 높이고
역사의 온도를 식혔다

그것도 모자라 또다시 완전범죄를 꿈꾸는 범인처럼
그나마 남아 있던 흔적을 철저히 지우고 있다
역사를 만든다고 앞에선 자들이
강을 마름질하여 시루떡처럼 잘라내고
실개천은 막무가내로 메워 버렸다

이제 나루터는 역사책 속
서너 줄의 기록으로나 남게 되었다
풍호나루,
흔흔한 기억들이 남아 있는 한
어느 시절에 새로운 손이 나타나
책 속에서 이 나루터를 다시 꺼내리

임춘임

소나기 외 9편

"오메 어찌야쓴다냐"
울 엄마 한숨 소리 원망 섞인 외마디

햇빛 쨍쨍하다고
마당 한가득 고추 참깨 널어놨는데

먹구름 하나 없는 맑은 하늘에
느닷없이 들이닥친 소나기

굽은 허리 치켜세우며
숨 가쁘게 분주한 발자국 소리에

소나기 그만 미안했던지
햇빛 돌려주고 고추만 잔뜩 젖었다

마루 끝에 걸쳐 앉아
혼자 되뇌는 촌부들의 세상살이

"참말로 환장하것네"

추석

들판이 누렇게 익어가고
하얀 달이 온전하게 채워지는
가을 한가위, 추석

송편 빚는 언니랑 할머니
밤 치는 아버지랑 남동생
멀리서 빽빽한 기차 타고 왔다는 친구

코스모스 달빛에 고운 옷 입고
삼삼오오 짝지어 골목길 데우던 그 시절
그리운 그림이어라

어제 받은 선물 꾸러미
'몸은 멀어도 마음은 함께해요'
요상한 안부에 마음 시큰하다

메뚜기 뛰놀던 그 언덕 그 자리
시끌벅적 동네 고샅 가득 메우던
추석 명절 그리워라

마당에 멍석 깔고 오는 사람 가는 사람
누구라도 반가이 웃음으로 인사하는
우리 명절 추석이면 좋겠다.

황룡강 꽃강

가을 노란 꽃 잔치
백만 명 손님, 부르는 꽃 노래
황룡강 꽃길이 분주합니다

노란 꽃 빨간 꽃 각양색색
어쩌면 저리도 잘 어우러지는지
카메라 셔터가 바쁘답니다

한 번도 안 온 사람은 있어도
한 번만 온 사람은 없을 거라고
강가 꽃밭에서 들려옵니다

복수초

아주 추운 날
눈 속에서
노랗게 고개 내민
복수초

해도 물도 없이
바위만 그득 한데도
고운 자태 드러낸
자연의 참 진리더라

듣기만 하여도
봄이 오는 소리 들리니
노랗게 피어나는 희망의 노래
복수초 봄의 전령사

참깨

울 엄마 텃밭에
고랑치고 비닐치고
씨 뿌리고 솎아주고
거름 주고 비료 주고
온갖 정성 다들이었네

오랜 장마 속에
참깨는 어디 가고 쭉정이만 남았을꼬

몇 알 남은 깨알마저
야속한 까마귀들 날아와
주워 먹고 먹고 먹고 또 먹고
씨앗도 남기지 않으니

올해는
깨 농사 망쳤다고
눈물 글썽이는 우리 엄마

그래도 내년 농사 약속할
종자 구하러 나가신다
작년에는 풍년이더니
올해는 망쳤구나
내년에는 다시 풍년들겠지?
우리 엄마 희망사항이다.

수선화

앞다투어 내미는 여린 잎 손가락
파릇한 새싹이 겨울 땅 깨운다

신비로운 생명력 자존심 지키고
자기 사랑 지키려 또다시 기지개 켠다

우주를 깨우는 입춘 더불어 피어나는 수선화
꽃이 피는 찬란한 봄이 왔노라 아우성이다

순백의 드레스 같은 하얀 수선화
황금알 품은 듯한 노란 수선화

이제 시작이다
봄꽃이 지천에 피겠다

늘

바람 하나
그리움 하나
하늘 한 번 이름 하나

스멀스멀 사라지는 세월에
짙어가는 그리움

하나씩 둘씩
가슴에 사연 새긴다

오늘은 아들 녀석
또 다른 오늘은 딸아이
저녁엔 아버지
시도 때도 없이 어머니

삶 속에 묻어나는
인연의 조각들

가슴 한쪽에 꼭 안아두고
늘 함께 하길 소망한다

열려라 참깨

열려라 참깨
주문을 외면
굳게 닫힌 문이 열린다

모여라 뚝딱
주문을 외면
황룡강에 모여드는 백만 명

옐로우시티 열리고
장성은 요술쟁이 되어
노란 꽃 사람 꽃 잔치 열린다

가을

생각이
하늘만큼 커지면
기억 저편 언덕배기에 숨겨 두었던

그리워
그리워서 차라리 잊어버리자 고개 흔든
그리움 한 조각

못다 이룬 사랑
무지개 되어
가끔은 가슴 콩닥거려

파란 가을 하늘이
기어이
사랑놀음 시킨다

기림의 날

듣기만
보기만
느끼기만 해도 아픈
위안부 기림의 날

국기에 대한 경례도
목메인 애국가 부름도
통일과 평화를 염원하는
가슴 메우는 울음소리

젊은 피 끓는
청년들의 울부짖음이
이 나라 이 겨레 역사를
기어이 바로 잡을 터

오늘은
숨 쉬는 소리가
참 아프다
다시는
다시는 울지 않으리

임유택

다 버렸기에 가난하여서 외 9편

거센 폭풍우 몰아닥쳐
나무를 뽑아 던져도
벼락 하늘을 가로질러
온 땅을 깨부숴도
호수엔 물결 하나 일지 않았다

꽃들이 피고 지고
동장군이 달려들어도
호수는 아련한 물빛처럼
고요할 뿐이었다

대지를 찢는 지진에도
세상 초토화시키는
불길 위로도
호수는 흔들림 없이 평화로웠다

다 버렸기에 가난하여서
호수는 영원한 젊음을 간직할 수 있었다.

오해

고요한 저 소리를
투명한 이 그림을

눈으로 듣고
귀를 쫑긋 세워
아로새겨 볼 수 있다면

내 가슴 속 깊은 곳에서
울려 나오는
자그만 노랫소리가

여름밤
하늘을 가로지르는
한 마리 번갯불모냥
너에게 다가설 수 있다면

쌓이고 또 쌓여
사분오열된 이 세상도
하나 될 수 있으련만

계절 속에 파묻히어

계절이 달려가는 것
손꼽아 보다 내려놓고
강산이 변한 것도
벌써 몇 번째인지

동틀 무렵 피어나는
아련한 그리움에
도망친 시간 떠나간 사람
원망할 틈도 없어

달아나는 이야기들
스쳐가는 순간
언제일지 모를 그날에
가슴은 아려오겠지

안중근

그대
몸은 잃었어도
자존만은 지켰었다

그대
스러져 떠나갔지만
불멸의 별이 되어
활활 타오르고 있었다

아침밥 설익을까 고민하던
부뚜막에서
노을이 되어 미소를 짓는
그대를 보았다.

그대
어디에 있는지
체백(體魄)을 찾을 수 없는
후손들은 죄인이다

그러나 그대
게으르고 나약한 후손들을
탓하기 전에
그대 가슴 속
의기(義氣)를 닮은
접시꽃을 원망해라

백화산 반야사에서

백두대간의 척추 어디쯤
국토의 뼈마디에 묻혀
풋풋한 살내음도 찾을 수 없으니

깊지 않은데 빠져들고
높지 않아도
골짜기에 숨어 두려워졌다

세조대왕 목욕터엔
뭉게뭉게
삶에 찌든 아픔들이 떠나갔다

부처님이
지친 얼굴에 맺힌 서글픔
당신 옷자락 들어 닦아주실 것 같은

바람 깊은 오후였다

마애삼존부처님 말씀은 안하시고

부처님이 보고파 용현계곡에 갔더니
마애삼존부처님 말씀은 안하시고
빙그레 웃으시네

넉넉하신 성품처럼 여유로운 표정이야
겨울의 오후 햇살
바쁜 걸음 붙드시고

보살님은 언제까지 내외하실까
외간 남자의 눈길이 부담스러워
고개 살짝 돌리시네

천년의 세월 헤아리면 너무도 짧아
그 시절 추억을 말할 틈도 없이
예 앉아 있었다고

과거와 미래 무슨 말씀을
이렇게 웃기에도 삶은 짧다니까
마애삼존부처님 말씀은 안하시고
웃기만 하시네

정림사지 오층석탑

원작의 감동 오롯이 품고
나이는 묻지 말라네
원하지 않은 서러운 문신
천사백년 긴긴 세월

강건한 모습 부처님의 모습
황폐한 뜨락에도 그저 묵묵히
새싹이 하품하고 눈이 또 쌓여도
헤아리다 다시 지우고

나이는 어렴풋이 짐작해도
얘기하지 않으면 참을 수밖에
마지막 날 목 놓았던 피울음은
잊고 말았나

원조(元祖)의 힘 감동의 세월
새끼 손자 지천(至賤)에 깔려도
흰 눈 쌓이는 그 날엔
누가 뭐래도 정림사지 오층석탑

매화마을 사람들

여기 사람들
무슨 복을 지었길레
멋진 풍광과 더불어 살까

머리 들면 지리산이요
고개 숙이니 섬진강일세
강변의 모래톱은 또 어떻고

이른 아침
태양이 달려오면
강물은 금빛물결 반짝일 테지

봄엔 홍매 백매
서로 다투고
시원한 강바람 속엔 술 익는 소리

여기 사람들
매화원이라 말없이 얘기하네
술 익어가는 매화원

공산성에 해 지면

공산성에 해 지면
곰나루 앞 강물
빠알갛게 얼굴 붉히면

님 배웅도 하지 못해
자책하던 세월
끄집어내 빨래를 하고

눈물 뿌리고 뿌려
가시는 길 먼지라도
가라앉힐 걸 가라앉힐걸

울어 울어 강물도
마르지 못하고
또 처연하게 해만 내리면

세월

하나의 씨앗
움틔운다면
향기로운 꽃 만발한 후에
맛깔스런 열매 맺기 기도하려네

부지런한 햇볕
땅 뒤덮는 처절한 기도
끝난 들에서
잔잔한 그리움 한 포기 뽑아

또 다른 하루 준비할
만찬의 식탁 차려내리니
반짝이는 촛불 하나
군침 도는 소박한 노래

그래 우린
좌절의 밥상에서
희망 한 숟갈 떠먹으며
살고 있었지

나주임씨 시선집

| **편집인** | 임춘식 나주임씨 중앙화수회 회장

| **1판 1쇄 인쇄** | 2022년 2월 25일
| **1판 1쇄 발행** | 2022년 3월 15일
| **발행인** | 주동담
| **펴낸곳** | 시정신문

| **주소** | 서울특별시 용산구 한남대로 43
| **전화** | 02-798-5114(대표)
| **전자우편** | sijung1988@naver.com
| **출판등록** | 1988년 4월 13일
| **등록번호** | 서울 다 05475
| **편집위원** | 임종은 한국문학신문 편집국장(역)
　　　　　　임지룡 경북대 부총장(역), 문학박사
　　　　　　임채규 나주임씨 대종중 평의회 의장
　　　　　　임동엽 나주임씨 중앙화수회 부회장
　　　　　　임점택 나주임씨 대종중 정보관리위원회 위원

| **ISBN** | 978-89-6352-036-0
| **정가** | 15,000원

저자와 협의하여 인지를 생략합니다.
무단전재와 복제를 금합니다.